看东风，夜放花千树

梦想的翅膀带我飞

《作文与考试》杂志社 选编

我的青春我的梦
全国中学生校园美文精品集萃丛书

时代文艺出版社

图书在版编目（CIP）数据

梦想的翅膀带我飞 /《作文与考试》杂志社选编. —长春：时代文艺出版社，2018.8（2023.6重印）

（"我的青春我的梦"全国中学生校园美文精品集萃丛书）

ISBN 978-7-5387-5724-8

Ⅰ.①梦… Ⅱ.①作… Ⅲ.①作文－中学－选集 Ⅳ.①H194.5

中国版本图书馆CIP数据核字（2018）第004270号

出 品 人　陈 琛
产品总监　郭力家
责任编辑　李荣崟
装帧设计　李 斌
排版制作　隋淑凤

本书著作权、版式和装帧设计受国际版权公约和中华人民共和国著作权法保护
本书所有文字、图片和示意图等专有使用权为时代文艺出版社所有
未事先获得时代文艺出版社许可
本书的任何部分不得以图表、电子、影印、缩拍、录音和其他任何手段
进行复制和转载，违者必究

梦想的翅膀带我飞

《作文与考试》杂志社 选编

出版发行 / 时代文艺出版社
地址 / 长春市福祉大路5788号　龙腾国际大厦A座15层　邮编 / 130118
总编办 / 0431-81629751　发行部 / 0431-81629758
官方微博 / weibo.com / tlapress
印刷 / 北京一鑫印务有限责任公司
开本 / 700mm×980mm　1 / 16　字数 / 153千字　印张 / 11
版次 / 2018年8月第1版　印次 / 2023年6月第5次印刷　定价 / 34.80元

图书如有印装错误　请寄回印厂调换

编 委 会

编委会主任：刘翠玲　夏野虹　高　亮
编　　　委：钟　平　彭　宇　张　引
　　　　　　于智博　高明燕　苗　与
　　　　　　李　跃　关晓星　那继永
　　　　　　沈　洋　隋元明

目 录

只是梦想不愿意

数字美学与模糊哲学 .... 葛雨辰 / 002

点点眸光 .... 卢　玥 / 004

象棋人生 .... 韩刚建 / 006

"可以让" ≠ "必须让" .... 段芷颖 / 008

由"富了才谈文明"说起 .... 刘　洋 / 010

爱"脸"说 .... 徐　杨 / 012

只是梦想不愿意 .... 王凌豪 / 014

石膏像 .... 陆云裳 / 016

黄河变清 .... 晏章琪 / 018

瀑布随想 .... 林梦凡 / 020

聆听自然花语 .... 王小林 / 023

还有音乐和美食不可辜负

过客 .... 孟　蕊 / 026

美丽一次 .... 晓　明 / 028

又到春花烂漫时 .... 洪文茜 / 030

海恋 ········ 乔　琪 / 032

站台 ········ 任晶晶 / 034

迷失 ········ 张　瑜 / 036

木秋千 ········ 田雁南 / 038

目送 ········ 仇　越 / 040

简单 ········ 方文澜 / 042

求知是在写诗 ········ 覃河清 / 044

阅读与城市 ········ 刘碧君 / 046

等待 ········ 王北辰 / 048

幽香处处 ········ 顾张琪 / 050

黄金时代 ········ 王雪纯 / 052

遇见生命的风景 ········ 张开颜 / 054

还有音乐和美食不可辜负 ········ 曹怡宁 / 056

珍视平凡中的伟大 ········ 王新璐 / 058

不活在别人的眼光里 ········ 胡小莉 / 060

致我们逝去的美 ········ 徐耿婧 / 062

徜徉韶华　随枝可栖

梦回唐朝 ········ 刘昱彤 / 066

挽留传统之美 ········ 龚　格 / 068

独行侠 ········ 宁　玥 / 070

心有繁花　清香自留 ········ 卢　潇 / 072

心有"祖"，行无阻 ········ 胡小莉 / 074

有用无用之辨 ········ 王　晓 / 076

徜徉韶华　随枝可栖 ········ 翟雪儿 / 078

全世界都在为你放哨 ……… 卢　玥 / 080

未雨绸缪的智慧 ……… 周紫祚 / 082

我与你 ……… 孔令恺睿 / 084

为"自由言论"戴上枷锁 ……… 范纯洁 / 086

探索者 ……… 麻静文 / 088

真相不该沉默 ……… 王丽星 / 091

莫让复制代替创造 ……… 李　倍 / 093

妥协为盾，坚守是矛 ……… 陈译凡 / 095

心灵鸡汤能带给我们什么 ……… 黄静怡 / 097

皱痕 ……… 眭逸薇 / 099

坚有度　柔有道

死亡引发的思考 ……… 张迎桢 / 102

灵魂的距离 ……… 陈宵菁 / 104

世界的那缕炊烟 ……… 张　蕾 / 107

孰疯孰真 ……… 赵　越 / 109

坚强的心 ……… 章逸欣 / 111

叫乌鸦的少年 ……… 许　策 / 113

我读《品三国》 ……… 古劲龙 / 116

飞鸽的早晨 ……… 谢旭珩 / 118

蓝天，天蓝 ……… 陈忠国 / 120

1+1 ＞ 2 ……… 王天赋 / 123

坚有度　柔有道 ……… 王宇航 / 125

狼 ……… 辛文博 / 127

乘兴而来 ……… 李　婷 / 129

典故的力量 .... 娴　静 / 131

坚守东方文明的傲骨 .... 刘　琦 / 133

看雪的人 .... 田少彤 / 135

别逼顾城学鲁迅 .... 宋小君 / 137

文化的公与私 .... 潘天逸 / 139

如水若风似葱茏 .... 曾琰棋 / 141

不给自己留后路

想那件水绿色的旗袍 .... 郑巧玛 / 144

空房子 .... 蒲云川 / 146

旧时风雨 .... 钟　柯 / 148

都怪你 .... 张　侃 / 150

穿过胡同的风 .... 李家吉 / 152

方圆 .... 张晨钰 / 154

舌根上的乡情 .... 陈思远 / 156

静谧的张力存在 .... 邹卓凡 / 158

机遇与月光 .... 孙　楠 / 161

芬芳的木头 .... 施　歌 / 163

不给自己留后路 .... 熊　回 / 165

往来成古念 .... 范开源 / 167

只是梦想不愿意

　　追梦的季节里,我们都将不断地遭遇美丽,然而因为梦想,我们的脚步却不能因为这些近似于虚无的美丽而停下来。那些过往的记忆就像春日里的花,一片一片,缓缓地舒展开来,一瞬间汇成了温暖的脉流,喷涌膨胀,冲破重重阻隔,在我的血液里翻腾不息。

数字美学与模糊哲学

葛雨辰

拾笔前，刚刚放下一篇关于中餐调料度量衡的讨论，内容大概是为何中餐食谱中不能用数字和单位量化调料剂量，从此做饭成为一门"爱与智慧的考验"。

这么看来，没有数字量化的世界真的是暧昧且复杂的。

当时间可以被分割，空间可以被经纬度量，人类已利用数字的光辉穿透蒙昧的迷雾，洞察，评估，决策，再优化。数字编织成荣誉的桂冠，高高悬挂在量化考核的终点。人类的历史是进步的历史，那么同样的，人类的历史也就是学会以数字分析问题、以量化区分层次的数字史。

这是现代人的数字美学，每一步都精打细算，每一步都基于浩浩荡荡的验证，犹如高智能的精密仪器，用庞大的数字群勾勒出理性的细节，以切实的目标为之奋斗。这更是经历过漫长历史发展，几度思维革新，伴随着血泪与欢呼，所结成的人类智慧的果实。

然而让我们把目光回溯至人类尚且认为水与火乃是万物本源的时代，我们不可否认，那里才是人性与哲理的制高点。

也许我们的祖先在当时无法用数字具体解释人与自然的依存关系，可是他们依旧有着智者乐水，仁者乐山的思考。季节轮回，农人何尝知晓气温湿度的提醒却能播种下一个金黄的预言；鸿雁来去，思人的等待总好过一纸冷冰冰的抚恤单。

　　那是祖先登高远眺的模糊哲学，是经历与经验的厚积薄发，是感性的普遍规律。

　　现代人需要切合时代的数字美学为社会进步打下坚实的根基，也同样需要模糊哲学为我们数字化的灵魂增添重量。我们无法回避的是他人用数字丈量我们的价值，而只有我们站在人性的高度才能看清那些暧昧又复杂的部分价值几何。

　　既然无法割舍数字美学与模糊哲学，那便使他们与自身相携而行。

点 点 眸 光

卢 玥

孩子的眸光点点，或璀璨明亮，或暗淡无光。

根据社会上此起彼伏、未曾间断的新闻热议，如"史上最苦涩小学生作文"中"爸爸妈妈工作回家就低着头玩儿手机，我只好也低着头玩儿iPad"以及"小学生打游戏月入过万"等，我们不难发现孩子看见的成人行为、社会现象极有可能内化为他们的行为引导，成为他们难以分割、难以改变的一部分。

尼采曾悲愤地指出："真想让他们看看，失落的精神是如何变成骆驼，骆驼是如何变成狮子，狮子又是如何变成小孩儿……"但其实这更应该是一个逆向的过程，也可以说是一个循环。由小孩儿成长而来的大人们将内化的恶习传递给了下一代孩子，文明的失丧不会随时间消逝，只会与日俱增。

我们在感叹之余，心中是否应该想到树立一个榜样的责任意识？在年轻一辈面前，我们的行为举止是否起到了引领指导的作用？

然而，我十分遗憾地看到社会犯罪趋向低龄化，吸毒人群趋向低龄化，越来越多的孩子成为无法无天的"小霸王"……于是，"垮掉的一代"由"九〇后逐渐扩展为〇〇后"。可是，我更想问一句，一直批评年轻一代的老一辈人们，你们是否能做到自己所说的标准，能否成为年轻一代眼中的"手执大旗"的引导者？

当在这个一切都可标准化为商品的年代，包括人的理想、良知、信仰，我们看到年轻一代的孩子们成为拜金主义者、金钱至上者、利己主义者，更应该反思自我。

胡适在《〈红楼梦〉考证》的扉页上写着："我想用这几十万字的小说考证，来教年轻一代如何'深刻而显著'地思考。"先生在书中陈条列纲，抽丝剥茧，一点儿一点儿地驳斥谬论，逻辑严密而无懈可击，实为考证之书。

而最近获安徒生童话奖的曹文轩与胡适之先生相比，对孩子影响得更早。曹文轩不同于其他儿童文学作家，如杨红樱、郑渊洁等，只让孩子看到生活的美好，避免或忽略生活阴暗面，而是将孤独寂寥的童年状态同天真无邪的孩提性格这两面结合起来，表现了真实贴近的儿童状态，传递积极向上的人生态度。经典的《草房子》和《青铜葵花》影响了一代又一代的孩子们，自强不息的信念与勇气，同青铜和葵花，一直留存于我的心中。

孩子的点点眸光因看到美好而璀璨明亮，因看到邪恶而暗淡无光。

点点眸光，值得也需要我们共同呵护。

象棋人生

韩刚建

中国象棋脱胎于中华传统文化母体，厚重且丰赡，纯素而简远，是主观审美理想与客观世界的融合。而其平淡天真，归于清纯的意趣，超越客体。独与天地精神往来，是棋道的真魂。楚河汉界，为寂寞之道。由渐修而顿悟，感悟人生万物，得其真谛。

中国象棋，是棋坛巨匠思想和精神的缩影，是人品、人格的体现，是主观意识的发挥。它本身的意义早已远远超越了战术技法的范畴，给人留下了无尽的思考、启迪和想象。中国象棋，折射着中国传统文化的精髓，折射着中国传统哲学的熠熠闪光。

象棋最大的特点是瞬息万变，无法掌控。有些棋看似浅显明白，绝无晦涩，其实，却是百转柔肠千种风情万般无奈，或一手失利功败垂成而仰天长叹，或倚天屠龙气壮山河而壮怀激烈……

许多顶尖高手的棋着儿初见平平常常，并无石破天惊之处，但细细揣摩，顿觉茅塞顿开：这是大气磅礴纵横捭阖的布局，那是敏捷小巧灵活闪转的腾挪；"力拔山兮气盖世"的力量自然使人敬畏，而"四两拨千斤"的棋筋，又使人拍手称妙；有刀光剑影的生死搏斗，也有"化干戈为玉帛"的皆大欢喜。打谱进程如行云流水，枰上图形似花朵绽放，其中的意趣、心思、眼光、胸襟、境界，各不相同，气象万千。

象棋是袖珍战争的演绎，是军事战术的高度浓缩。重温历史上的牧野之战、赤壁之战、淝水之战等以弱胜强的经典战例，能够惊奇地发现，这些战役都没有像模像样地打，而占有绝对优势的一方兵败如山倒，其原因并非在装备以及军事技能上有多大的差异，而主要在于人心不齐、意志不坚、斗志不旺，稍有风吹草动，士兵就四散奔逃，从而一败千里。现代战争的进程短促激烈，残酷空前，不仅对战斗员的军事技能等硬实力提出很高的要求，对意志品质等软实力更是提出严峻的考验。如果没有过硬的心理定力和夺取战争的强烈渴望，不仅难以完成作战任务，而且容易形成溃败之势。棋手们在面对紧张的棋局时，也应当具备这样的素养，这恰恰是组成棋手强大棋力的重要一环。

中国象棋较诸围棋、国际象棋有一个特别得天独厚的优势，那就是鬼斧神工、出神入化、引人入胜的江湖排局。许多棋局历经数百年的演变，仍然散发着熠熠生辉的魅力。一则名局的创作需要平衡的关系和因素很多，是作品的难度所在，同时也是其魅力所在。在诸多因素的制约中求取和谐与自由，在矛盾与背反中寻求化解之道，在寻觅与审视中不断挑战自我，超越自我。

中国象棋涵括的内容极其丰富，风格多元，是一个取之不尽、用之不竭的无限宝藏。其艺术基础是阴阳辩证，是变化，是不可重复。它至柔，至刚，无形，因势而动。一名杰出棋手风格的形成，除了对象棋本源的尊重外，还得益于其综合素质的修养与提高，比如读史、治经、写诗、作文，都应当是必修课。

象棋需要独立思考，需要有力透棋盘的"神来之笔"，从而在明快的着法中意会到健朗的情致，它启示我们不断感悟心灵深处活泼清新的生命波动以及遒劲不屈的内在张力，这正是中国象棋历经千年演进而造极于世的内在动因。

棋场如战场，战场上迟缓一秒，都会带来灭顶之灾。战场上快敌一秒，就多一分生存机会。在令人窒息的超快棋决战厮杀中，经常出现一方将被另一方"秒杀"的瞬间，真有一种被痛苦折磨的快慰和喜悦。如果没有这种简单的快乐，象棋可能也早就消亡了。

"可以让" ≠ "必须让"

段芷颖

2016年5月3日，四川达州八旬老人李某坐动车到成都看病，因只买了无座票，老人在南充站被所坐座位的女主人请了起来。老人女儿想挤着坐被拒，之后一中年男子为老人让了座，老人女儿数落没让座女孩儿。面对这出乎意料的指责，女孩儿倍感委屈。

只要我们有所关注，就会发现，最近几年，类似的新闻时常出现在我们的眼前。动车让座风波似乎还没有平息，6月初，在福州的公交上，一位老人因他身边的女生没给自己让座，就对这位女生破口大骂，态度极其恶劣，直至暴出"缺德"与"畜生不如"的粗口。一个月之后，在安徽省合肥市的公交车上又出现类似一幕。一位老人要求一位独自坐在座位上的小朋友让座，在看到小朋友没有让座之意后就开始恶语相向。老人的言行引起了许多乘客的强烈不满……

这些新闻共同点都是，没有座位的老人们，在要求他人让座时，一个个都理直气壮，在他们看来，年轻人给自己让座，那就是"必须的"。对此，我们不得不坦诚地向老人们说一句，老人家，您错了，"可以让" ≠ "必须让"。

我们之所以产生了"年轻人必须给老年人让座"的心理，最为关键的一个因素是，"老吾老以及人之老"。这固然是正确的，不过，我们也不要忘了，这句古训还有一半，"幼吾幼以及人之幼"。当我们都处在巨大的学习压力与工作压力之下时，年轻人完全有权利更有理由享受片刻的舒适，在我们要求对方"尊老"的同时，扪心自问，我们的心底，有没有激荡起"爱幼"的心曲？

"可以让"≠"必须让"，在动车等特殊的交通工具中，体现得尤其明显。众所周知，相比于公交，动车的座位，在特定的时段，呈现出明显的"对号入座"的特点，而这一特点的前提便是，"有号可对"和"有座可入"，确保这一点，是对所有乘客的尊重，也是对包括乘车秩序在内的所有社会秩序的尊重。"两害相权取其轻，两利相权取其重"，保障乘客权利，确保社会秩序，与给老人让座相比，孰轻孰重，我们应该能够做出明确的回答。

重视并落实"可以让"≠"必须让"这一理念，其实也是对老年人的保护。今天，我们以"尊老"为由强迫年轻人必须给老年人让座，明天，我们也会打出"爱幼"的王牌，强迫包括老年人在内的所有人给孩童让座。

"可以让"≠"必须让"。给老年人让座，彰显的是美德；稳坐自己的座位，体现的是秩序。二者不偏废，因为有了秩序的保障，美德，才能真正温暖人心。如此，我们无论身在何处，都能够享受到秩序的尊严和美德的芬芳。

由"富了才谈文明"说起

刘 洋

社会上有一种论调——富了才谈文明。我觉得这是逃避，是文明缺失的表现。

不久前，一则名为"汽车占自行车道，初中生拍照被骂"的视频备受网友关注，视频中，一名初中生用手机拍摄了一辆非法占用非机动车道的私家车，结果却遭到一群成年人的集体围攻。他们冲年少的孩子破口大骂，甚至指责孩子读书读傻了。私家车主无疑是富了，然而文明发展的脚步却怎么也追不上物质财富增长的速度。有钱就可以无视交通法规了吗？有钱就可以肆意侮辱他人了吗？有钱就可以任性了吗？纵观当今社会，口出污秽者有之，行为不端者有之，违法乱纪者亦有之。空中闹剧轮番上演，"舞台"由国内走向国际，把中国人龟速前进的文明素质赤裸裸地展现在世界眼前，文明缺失的国人把脸面丢失殆尽。

文明缺失是可怕的，富了仍文明缺失更为可怕。或许，有些人会提出疑问：随着物质生活条件的改善，文明理应进步，为何还会出现如此多的不文明现象呢？我认为，文明缺失的原因并不在于物质的贫困或富足，而在于信仰的缺失。贾平凹在《老生》中写道："当人主宰了这个世界，大多数的兽在灭绝和正在灭绝，有的则转化成了人……人是见不得有像人的动物，所以能征服的就征服，征服不了的敬奉，软硬兼施。可以说，神是被敬奉的鬼，鬼是被驱赶的神……现在的人太有应当的想法了，而一切的应当却使得我们人类的头脑越来越病态。"在古代，在那些物质生活极为匮乏的年代，先民们在洪水猛兽中感觉到自己如弱小的孩童，因此对大自然、对世间万物都持有一颗敬畏之心，信仰自然的威力，继而孔子出，以礼乐教化万民，劝谏统治者"道之以礼"，于是颜回安贫乐道，武帝养士求贤，王守仁知行合一，先民虽然贫穷，但谈文明，更践行文明。然而，如今随着经济发展，人们不再有敬畏之心，于是为了矿产挖空了山，为了用水抽干了河，为了建房拆毁了大大小小的神祇庙宇。"人们害死了自己的神"。失去敬畏和信仰的人类，自以为能主宰这个世界，便开始放纵自己的欲望，对自己的行为不加约束，贪图一时之快，头脑变得病态。这时，文明便悄悄逃离了，快得不曾令人察觉。

富了才可以谈文明，也是现代有些文明缺失的人的一种应当的想法，从某种意义上说，这是一种逃避，对道德责任的逃避。富与不富，从来就是相对而言，那种"我还不够富，哪有时间和精力谈文明"的想法是人劣根性的表现。文明，不是我们愿不愿意去践行，而是我们有责任去践行。文明应该成为一种社会共识，它既不是贫者的义务，也不是富者的负担，而是每个人的精神满足，无异于孔颜之乐。

"我们站在这个荒凉的世界上，我们是二十世纪的众王骚动。在它的黑暗里，我们有机器和制度却没有文明，我们有复杂的感情却无处归依，我们有很多的声音而没有真理。我们来自一个良心却各自藏起。"穆旦在《隐现》中如是说。这句话同样折射出了现在严峻的社会现实。提高国民的文明程度，刻不容缓，是古老的中国能继续挺立于世界民族之林的重要因素，而实现这一目标，需要每一个人的自觉行动，于日常生活中，少一分隔阂，多一点儿关怀；少一句谩骂，多一些宽容；少一丝冷漠，多几分热情。

长夜会有尽头，白昼终将到来。我们应当相信，精神文明终将搭上物质文明的快车铺天盖地奔腾而至，不管富贵还是贫穷都将无法逃避，也不再会逃避。

爱"脸"说

徐 杨

作家白落梅说:"在这个光怪陆离的人间,没有谁可以将日子过得行云流水。"于是,当社会开始"看脸"时,整容成了一种新的时尚。许多人花重金为自己换一副好皮囊,只为迎合这个日渐浮躁的世界。然而,成功的人从不把时间浪费在外表的"虚容"上,任何为人称道的美丽都不及一颗崇高无瑕、炽热的心。

只求外表出众心灵却一片荒芜的人,是雨中一朵弱不禁风的野花。没有成熟的果实与坚韧的劲骨,花期一过,任何姹紫嫣红都将凋谢飘零。高三女生在毕业前花万元整容,艺术学院新生报到时全班"撞脸",生活中有的人为了让自己更有魅力,加入整容的潮流,盲目从众;有的人则将出众的外表视为求职时为自己加分的利器。但是,如果没有丰富的学识与良好的修养,纵有倾城之貌,也难以在这个社会立足。

把内在修养放在首位而不刻意装扮外表的人,是深埋在大地中苍劲有力的根须。即使终年不见天日,即使永远与泥土为伴,树根依然努力地从地层深处汲取营养,实现生命的价值。"布鞋院士"李小文因一张照片而被许多人记住:朴素的黑外套,赤脚穿着布鞋,却坐在中科院的讲台上做报告。许多人都想不到,这个灰白胡须、衣着简朴的老人,竟是北京师范大学教授、中科院遥感应用研究所所长。李小文说"身上的东西越少越好",但他的不修边幅却掩藏不住从他灵魂深处散发出来的灼灼的光。钟无艳是战国时期的四大丑女之一,但她在齐宣王沉溺于纸醉金迷之时冒死进谏,陈述四大治国之策。齐宣王接受了她的建议,勤政爱民,励精图治,齐国从此成为战国时期六国之首。钟无艳没有华美的衣衫,绝代的容颜,仅凭她那高尚的品格和超人的智慧,足以流芳百世。

米兰·昆德拉在《被背叛的遗嘱》中写道:"生活就是永恒的努力,努力使自己在自我之中,努力不致迷失方向,努力在原位中坚定存在。"不必刻意追求外表的美丽,坚守自己,努力使自己外塑形象,内强素质,做一个卓尔不群的我。

内外兼修的人是一棵挺立于世间的苍翠的大树,枝繁叶茂,荫庇苍生。王昭君为了民族和平,毅然走向夕阳中孤独的大漠;奥黛丽·赫本在成为奥斯卡影后之后投身公益慈善。他们不光有光鲜的外表,更有高洁的心灵,因而永远被人们铭记。

在这个"看脸"的时代我们必须明白:娇美的颜面换不来尊严、尊贵和尊重,"高颜值"并不代表"高素质"。像"爱脸"一样"爱人",才能成就一个真正意义上的"俊男俏女"!

只是梦想不愿意

王凌豪

高二刚开学不久,一个温暖的午后,班主任带着一个扎高辫的女生走进了教室,阳光洒在每一个人的脸上,亮堂堂的。

班主任向我们介绍:"这是咱班的新同学——张小梦……"

"大家好,我叫张小梦,很高兴认识大家!"

美丽来得猝不及防。或许人生就是这样,在某个时候,遇到某个人,就觉得生命从此阳光灿烂。在那个洒满阳光的午后,我就有这样的感觉。

张小梦被安排在我正前的座位,我们就成了前后"邻居"。从此,高二(3)班便多了一项"功能",除了要写单词、列函数、记化学反应公式之外,还要在每个晚上描绘这个美丽的身影。

与张小梦熟悉之后,她告诉我,她最大的梦想是有一天能够周游世界,然后找到一个空气中洋溢着淡淡草香的地方,在那里写下自己的名字。我说,我最大的梦想是能够画出最好的作品来,举办一个大型个人作品展。张小梦扑闪着眼睛说:"希望你能早日实现梦想,祝你成功。"我说,你也是,也祝你成功。

美好的时光总是短暂而又简单的,我记忆中的十七岁,尤其显得匆促。我终日沉浸在自己营造的朦胧氛围里,勾画着那美丽的身影,日记本的纸页随着时间的流淌一张张地翻过去,每一张被翻过的纸页上都布满了我幸福的线条。我原本以为:这就是我一直要追逐的幸福,年华的云朵上,我正单纯而快乐地朝着幸福的方向飞翔着。但现实告诉我说："你错了，你不是在朝着幸福的方向前进，而是离幸福越来越远，因为你忘记了自己曾经执着追逐的梦想。"

元旦那天，校园里到处弥漫着热烈的节日气氛，每个人的脸上都洋溢着奶糖一样甜腻的笑容。在这节日气氛的感染下，我终于压制不住心头疯狂蔓延的情思，小心翼翼地将那本涂满了幸福线条的日记本放进了张小梦的抽屉，并夹了张纸条：我能陪着你一起周游世界吗？

那是我十七年来所度过的最漫长的一个元旦，而关于当时的所有影像，到现在已经是斑驳不清了，只记得那个晚上没有月亮，我却坐在窗边，傻傻地想了一夜。

我最终没有等到张小梦给我的答案。年末，总有许多事情要做，老师们忙着总结，我们则忙着考试。经过三天的煎熬之后，期末考试的成绩终于出来了，我的成绩大幅下降，由原来的班级前三落到了二十几名。颓废沮丧的情绪猛地涌上心来，我的梦想被逼进了阴冷狭小的空间里，瑟瑟发抖。

临放寒假前，张小梦在一个下雪的傍晚交给我一本书：《哈利·波特与魔法石》。在书中"魔法之镜"那一章节处夹着一片浅红的枫叶。我翻看此章节，哈利偶然间发现了一面神奇的镜子，在镜子里，他见到了自己深深思念的家人，并从此沉浸在这种虚幻的幸福中不能自拔。邓布利多教授体察到这件事后，他告诉哈利，这面神奇的镜子可以使人看到自己内心深处最渴望的东西，但这只是虚幻的幸福，很多人因深陷这虚幻的幸福中不能自拔，"最后竟成了疯子。"——书中如此写道。

书的末页是一行秀丽的字：追梦的季节里，我们都将不断地遭遇美丽，然而因为梦想，我们的脚步却不能因为这些近似于虚无的美丽而停下来——希望能够在你的个人画展上见到你。

轻舞飞扬的文字在刹那间击中了我内心最深处的地方，那些过往的记忆就像春日里的花，一片一片，缓缓地舒展开来：为了让我能安心地学习，母亲每天在天不亮的时候就开始为我准备早餐；情绪波动的时候，老师一遍又一遍耐心地疏导；与朋友约定要共同实现的梦想……瞬间汇成了温暖的脉流，喷涌膨胀，冲破重重阻隔，在我的血液里翻腾不息。

石 膏 像

陆云裳

"闭上你的眼睛，用心去感觉它，仅仅用你的心。你会发现，石膏不像表面那样冷若冰霜，它有心，有感情。"

直到现在我仍能清楚地记得一呈说这话时坚毅的神情，虽然我从前并不很相信。

一呈是我素描老师的儿子，他似乎只关心他的画，他的石膏像。好像这个世界上只有画和为画而生的人。我最初并不喜欢他的冷漠，暗自把他比作石膏像。

那年夏天我疯狂地练习素描，以此来逃避家庭生活的压抑。父母离异之后，我便忙着来往于爸爸与妈妈两边，尽自己所能去冲淡他们的矛盾。然而这很累，全部的不满都在那年夏天爆发。我一个人离开了家，拒绝去他们任何一边。我承认那时心里只有仇恨。我只是走着，不知何处容身。真不知会发生什么事情，如果一呈没有在街上看到我的话。

但是，我担心的事还是发生了：一天，他看到了我的失态，很是诧异，叫了我。那一刻，我忍不住号啕大哭，仿佛世界遗弃了我，只有与他还有联系。他一个劲儿地安慰我，直到我平静下来。他最后说了句："云裳，还是去画石膏吧，无论世界如何改变，石膏它依然是这样。"

那天我们依然和平时一样画石膏到很晚，但我们说了很多的话。那次哭泣是我第一次在他面前流露真感情，我告诉他我的家庭情况，我的学习压力，以及我的彷徨和无助感。而他也破天荒地说了好多话，关于他自己的，他喜欢的画风，他学画时遇到的"瓶颈"。最后他修改我的画时说："云裳，你相信吗？石膏它有感情。只是，你要用心去体会。好像荷马一样，即便失去光明，他也总是以仰望的姿态，执着地追求希望。"

"每个人都一样，跌跌撞撞，但你不能失去希望。"他关去画画用的光源时说道。于是在黑暗中，我努力去感受那些石膏。其实一呈就是它们其中的一员，貌似冰冷，事实上不然。

从那以后我们成了真心的朋友，他不仅仅帮我提高画艺，更教会我成长，叫我去选择光明，失落的时候给我安慰。

有一次我问他："一呈，我以后会在杭州找工作，不离南方，你呢？"他沉默了一会儿，说："我会去北京，我想上央美，你知道的，我不喜欢南方的潮湿。"从那以后，我便一直知道他会离开，时间和他我都拉不住的。

今年夏天，他终于如愿，考上了央美，那个全国只收几人的学校，而我也安于紧张的高中课程的学习，除了寒暑假外就再没碰过画笔。但我知道我并不孤单，偶尔抬起头望天上，会想起他。

"石膏，它有感情的。"

我信，因为一呈就是这样的人，虽然他已经离开，甚至没有告别，但因为他的存在，使我相信这个世界的光明和爱。

身边总有那么多的人经过，来来回回。只是那个夏天的短，换来的思念却很长……

黄 河 变 清

晏章琪

"古老的东方有一条河,它的名字就叫黄河,古老的东方有一群人,他们都是龙的传人……"听着这首歌,不禁让我想起了伟大的母亲河——黄河。我做了一个梦,梦见养育了中华文明的黄河清澈见底,一路欢歌,流向大海……

在梦里,我听着鸟鸣,闻着花香,踏着悠长而绿油油的小草铺就的道路,行走在黄河岸边,我忍不住用双手捧起一捧清澈、甘甜的黄河水,一饮而尽,顿觉沁人心脾!在清澈的黄河河底,可以看见各种鱼儿在欢游,抬头望向水面,阳光幸福地洒在水面,风一吹,水波轻轻荡漾,让我不禁吟唱起徐志摩的《再别康桥》"那河畔的金柳,是夕阳中的新娘,波光里的艳影,在我的心头荡漾,软泥上的青荇,油油的在水底招摇"的美丽诗句。我被这黄河的美景所陶醉,心中不由念道:"在黄河的怀抱里,我甘心做一条水草"……

面对着黄河,呼吸也跟着顺畅起来。顺着河水,一路向前,放眼望去,那河道干净而透明,两旁树木青葱,高高低低的,紧挨着的是那喜欢流水的人家,房前的人们在幸福地劳作,孩子们在河中嬉戏。他们用小手捧起清澈的河水,你泼我,我泼你,脸上洋溢着童真和快乐!在河边,大人们正清洗自家的蔬菜,亲吻着这条洁净的母亲河。

在黄河,我似一个他乡客,那河畔的人家对我自豪地说:君可见，黄河之水天上来，奔流到海不复回！君可尝，黄河之水甘又甜，养育你我千万家！君可听，黄河之水快又稳，一路顺畅几多欢！我笑着，看着眼前这条被人称赞、被人喜爱的母亲河，她将自己的美丽尽情地呈现在世人眼中，继续着她的使命，养育着一代代龙的传人。

  我踏上那高山，望向九曲连环的黄河，在阳光照耀下，那般气势雄伟，激昂前进，不禁浮想联翩。黄河河堤略高于地面，河岸绿茵茵一片，鸟语花香，绿色的波涛随风起伏，即使是汹涌的暴雨，也动摇不了黄河伟岸的身躯……

  黄河上游，黄土高原一片青绿，树木参天，绿草如茵，可恶的沙尘暴从此了无踪影，"黄埃散漫风萧索"成为永久的记忆。

  黄河，中华民族的母亲河，不久的将来，你一定会以全新的面貌出现在世人的面前，从此变得清澈，美丽……

瀑布随想

林梦凡

一

我只见过你一次,什么时候,什么地方我已不记得了,但你的身影一直留存于我的脑海中,不曾泯灭。

记忆中的你,从峭壁上直冲而下,纵使会粉身碎骨,也浑然不惧。

是什么,让你这样不顾一切?

二

或许,你是为了爱情。为了山脚下的她——清泉。你们前世一定是一对恋人,却触犯了神灵。于是,你和她被生生地分开了,隔着数千米的距离。长久以来,你们只能默默地望着对方,却不能说一句话,不能牵手一次。

看着山脚下的她因相思而变得憔悴,看着她眼中淡淡的哀伤,你做出一个决定——逆天。你努力着,一点点向崖边靠去。终于,你站到了崖边!

你深深地看着她，嘴角弯起一个弧度，然后纵身下跃。

就这样，你变成了"飞流直下三千尺"的瀑布，那飞溅的水花，就是你破碎的身体啊！在你的身影里，我看见了深情和坚决。终于，你与她会合了，我看见她眼中饱含着泪水把你融入怀中。

你们终于在一起了。我想，或许这就是"生命诚可贵，爱情价更高"的真谛吧。

三

或许，你是为了自由，为了挣脱山顶这座囚牢。

我想，也许你曾是一位神仙吧，一位性情散漫，喜欢到处游玩的神仙。一日，玉帝派你看管蟠桃园，可是生性喜欢自由的你又怎耐得住看园的寂寞？于是，你忘记了玉帝的旨意，私自下凡去游玩了。

后来，玉帝得知了此事，他勃然大怒，召你前来。

你跪在殿下，硬是不肯认错，无畏的神情触怒了玉帝，于是，你被关到了人间最为陡峭的山崖之上。

玉帝知道限制住你的自由是最让你痛苦的事。可他却万万没料到，你竟会为了自由甘愿冒着粉身碎骨的危险冲破牢笼，直奔山下！

有人说你傻，可我知道，你有你的自尊、你的执念。也正是这，让你飞跃而下的身影显得那么庄严，那么不屈！

四

又或许，你是为了冒险，也许你是个冒险家，对冒险天生有着一股狂热的追求。

山顶的一切早已被你探遍，于是你开始向往山脚，那神秘的山下时刻引诱着你。

每个冒险家都是疯狂的。追求冒险的本能占据了上风,于是你无比狂热地冲下山崖,那么急切。你的身躯被一层水汽所笼罩,那是你的汗水。

当你遍体鳞伤地来到山脚,我想你一定很骄傲,因为你刚经历了一次动人心魄的冒险!

我看着你,眼里满是崇敬。

五

瀑布,我只见过一次,却在脑海里留下了不可磨灭的印记。总在梦里再见你,这破碎的壮丽。

聆听自然花语

王小林

平常总是把花看成是自己的朋友，也把欣赏鲜花作为自己生活的一部分。因为欣赏，所以喜欢。亲近自然，用心谛听，你会发现，每一朵花，都在心底暗藏着一个故事，日日夜夜，低低倾吐——

牵 牛 花

它不甘心匍匐在地上，所以从出生的那一刻起，便开始追求。每天清晨，它都收拾好行装，一刻不停歇地向上攀，向上攀。阳光灼伤了它娇嫩的皮肤，雨滴打花了它美丽的妆容，每向上一寸，它都强忍着剧烈的疼痛。暗夜里，它在半空中翘首，仰望自己的天空。寒风肆无忌惮地撕扯着它，慈爱的大地母亲在下面焦急地呼唤："回来啊！孩子——"它的心已如玻璃般破碎，但它明白，下去，就只有死亡。几天后，我们在云朵下看到了它那美丽的花朵，羞怯而又圣洁，让白云都黯然失色。

——牵牛花告诉我们：向上攀吧，在顶端，有地面望不见的绚丽。

仙 人 掌

上帝待它如此不公，只给它一点儿绿，一把针。除此之外，别无他物。

它的日子，大都是在唾弃与鄙夷中度过。但它毫不理会，只是将这些谩骂埋在心中酝酿，幻化为昂扬的动力。

瘦小的它愈发丑陋了，它蜷缩在角落里，无人理会。只有时光知道，卑微的它，却从不允许自己的灵魂颓废。于是——

有一天，满脸皱纹，黑瘦带刺的它竟然有花朵！那是怎样美的一朵花：金色的花瓣，闪烁的光束，那样夺目，倾心吐露，连蝴蝶都感到羞愧！

——仙人掌告诉我们：不要介意自己的卑微，只要信念不倒，你会冲破那些刺，绽放惊人的辉煌。

昙 花

千年的迷梦醒来，上苍只给它一夜色的疯狂。

轻轻地浮起一个温柔的笑，独自感受碎银般的月光，洒下一室的甘露，悄无声息地渗入它的躯体，清的感受，甜的滋味。

它轻柔地站起，展开雪的舞衣，开始了不停歇地旋舞，跳！跳！跳！热血在身体里沸腾，灵魂在夜空里狂舞。风骤起，它衣袂飘忽，宛若仙人，美不可言。无人赞叹，无人欣赏，只有昙花孤单的身影，独自舞动。它忘却一切地舞动，风华绝代。尽管在长夜的尽头，生命也会凄美地结束。但，它不悔。因为它曾经绽放。

——昙花告诉我们：不要怨天尤人，如果你不懂得乐观与坚忍，那么你将荒芜整个生命。

亲近自然，你会发现每一朵花，都诠释着生命的真谛。抚平心灵，聆听自然花语，心灵会因此变得更加空灵、澄澈。

还有音乐和美食不可辜负

高考之外还有生活，还有美食和音乐啊。我懂得了去爱太阳的光芒，爱麦子和稻谷的香味，爱油锅里袅袅升起的烟气，爱空气里跳跃的音符以及不再惧怕未来的时光中岁月不经意间涂抹在我面孔上的每一条皱纹。我真正懂得了如何热爱生活，拥抱这个世界。

过　客

孟　蕊

　　一直很想知道，马背上的时光是什么模样，哒哒的马蹄声是轮回的鼓点，风在耳边吹过奏出和弦，在北方苍劲民谣般的旋律中，任由四周的景色在视线中上下晃动着最终凝成一团团模糊不清的色彩……

　　虽然并没有真正骑过马，但从很久很久之前的那些时代继承的属于狂风与黄土、秦腔与汉歌的血液，却一直让我对骑马出行无比向往。

　　不止一次幻想过天地之间苍茫寂寥，只一人一马，在荒原上止步勒马，回望一路尘烟；不止一次幻想过，古道之上断崖西风，只一人一马，在夕阳下徐徐前行，惊起一树昏鸦；也不止一次幻想过，雪山之巅万籁俱寂，只一人一马，在冰霜间疾驰而过，踏着碎琼乱玉消失在白茫茫一片之中……又或是沉浸在骑士们披坚执锐，在马背上目光炯炯的传说里，骑上一匹马，逃离巴洛克的压抑、哥特的颓废、洛可可的轻浮，逃离现代社会的焦虑低沉与忧郁，向着森林深处的小木屋前进，路过一个个经历百年风雨的古堡，沿着静静记录着时光流逝的莱茵河前行，偶尔驻足寻找月光下轻灵的琴音，仿佛回到那个闪耀着忠实灵魂光芒的时代，仿佛自己也在这马背上经历了那些传奇……

　　然而，我也知道，马背上的传奇只是个传奇，我现在哒哒的马蹄是个美丽的错误——我不是归人，是个过客。

　　我的确是个过客，如果说到不了的地方都是远方，那么，当我健硕的马儿颈前的银铃开始摇曳的一刹那，我便踏上了去远方的路。

既然没有烟尘古道，既然没有断崖西风，既然没有雪山之巅——那就选一条清净的路吧！没有纷杂的烟尘，没有尾气的熏扰。我的马儿也会跑得更加畅快，累了，就让它歇歇脚，啃啃路边的嫩草，抑或是放纵地让它在泥堆里打上几个滚。去感受真正在自然中的自由。清脆的马蹄声和着柔腻的铃声，伴着我的歌声和马儿欢快的嘶叫声在万里无云的天空中回荡。

或许遥远，或许漫长，但我和马儿都似乎在用步履丈量世间的长短，用心去体味自然的淳朴清新。

总之，我的远方似乎充斥着缥缈不定，但又洋溢着笃定与希望。只但愿，去远方烟尘古道的西风别再惊扰了那窗扉下结着愁怨的姑娘……

美丽一次

晓 明

我就像一只不起眼的丑小鸭，每天躲在自己的角落里，心甘情愿地接受着被漠视、被遗忘的命运。这一切都因为我脸上的一块疤。那是我从小便有的，为此，我一直很自卑，甚至怨恨父母为什么没能给我一张漂亮的脸蛋。有空，我便一次次地想：如果不是这样，那么老师和同学都会喜欢我……但这一切都是如果，我依旧是我，一只丑小鸭。

因为脸上的疤，我不喜欢和同学在一起，怕他们嘲笑我；因为脸上的疤，我在走路时总低着头，哪怕撞到人也不敢抬头。因此，在同学的眼里，我是冷淡的，我拒绝一切交往。没多久，班主任就知道了我的情况，但她没有立刻找我。我没有惊讶，因为我早已习惯了这一切。

有一天，班主任突然把我找到办公室。她示意我坐下，但我呆呆地站着，低着头。她诚恳地说："学校要举行演讲比赛，我希望你能参加。"我心里冷笑：这算什么意思？可怜我，还是戏弄我？我站到舞台上，有谁欣赏我？于是，我瞥了她一眼。班主任似乎看出了我的心思："我知道你在想什么，也理解你。如果我是你，我也会这样想。但是请你相信我，我的确认为你的演讲能力很好。我坚信上天是公平的，在给你关上一扇门的同时，也为你打开了另一扇门……"她的话像一把钥匙将我禁锢已久的泪腺门打开，堆积了十六年的泪水似乎要一拥而下。我强忍住泪水，说："但是上天给我的不是我想要的……"说完，我便冲出办公室，一个人在路上疯狂地奔跑，奔跑，可是，眼泪一直不停地流，流进嘴里，好涩，好涩……

这天晚上，我躺在床上翻来覆去，始终睡不着，耳边不时地响起班主任的话……慢慢地，慢慢地，我竟然有了想去参加比赛的冲动。后来，我真的去参加了。

那天，我被安排在安的后面上台。安是学校里最受宠爱的女生，学习好，人长得漂亮，声音又甜美；已经蝉联了两届的冠军。当我上台时，台下的人正叽叽喳喳地讨论着安的演讲，完全没有顾及已经上台的我。我的脸顿时涨得通红，不知如何是好：是大胆地站在讲台上，还是乖乖地溜下台？正手足无措时，我突然发现班主任投来鼓励的目光，这目光激起我拼搏的勇气，我也行。于是，我大胆地开始了我的演讲——《我也想美丽》。这里面的一字一句都是我的真心所感，真情所现。此时，我自信地演讲，姿态端庄大方，手势表达自然，吐字清晰有力，声音抑扬顿挫……渐渐地，台下安静了……于是，我轻松自如地讲完最后一句："我外表丑陋，这是一个不争的事实，也许这辈子都无法改变。但我坚信，只要我努力，我一定会绽放美丽。"话音刚落，台下响起了热烈的掌声。我很清楚地看到，班主任在为我拼命地鼓掌，流淌着眼泪。她的泪光通过灯光折射到我的脸上、心上……

这次演讲，安依旧得了第一，我得了第二。但是从此，我不再怨恨父母没有给我一张漂亮的脸蛋，因为生活并不需要一生美丽，有时只要美丽一次便足够。

又到春花烂漫时

洪文茜

故土之于我，俨然已成为一些零落于记忆之中的碎片。倘若它一直处于沉睡的状态也便罢了，但当一种潜伏于血液之中的归依感被郁达夫先生的笔所唤醒时，那是怎样一种强烈而饱满的精神状态，那又是怎样一颗满溢着感恩之情的心灵？

我等待着，等待着又到春花烂漫时，我要再一次拥抱你，我爱的土地。

我要拥抱下一个花季，拥抱记忆里那片繁华的紫云英。它们着实是太不起眼的植物了。浅紫色的幼嫩小花，酷似三叶草的叶片，它们是如此渺小以至于常常被人们忽视。农人应无暇欣赏它的美，他们只用它在种下一季作物前护田。但它们却是倔强的，它们需要作为花的尊严，于是那一抹浅紫开始蔓延，从一小簇到一大片直至充满整个视野。我常跟它们在一起，听它们拔节的声响，看它们迈向繁华的每一步。它们一定拥有林清玄先生所述的万物为了感恩而努力的心吧。其实紫云英是很忙的。

放风筝，这种记忆深深地印刻着。背景是大片大片梦幻般的浅紫色，年幼的我们牵着风筝线与耳侧的风赛跑着。时而半仰着头看看风筝，上升，上升。风拍打着它，那单薄的躯体似乎摇摇欲坠却始终努力向上。但风筝能自由穿梭于稀薄的高空的情况毕竟少之又少，大多数时候，我们手上扣着外婆圈的棉线笨拙地跑着，风筝则跟在身后艰难地"匍匐"，因为风筝都是大人把着我们的手糊的，在那样的穷乡僻壤里是没处买的。

还有用来打水煮饭洗衣的那口清泉，井壁上有斑斑的苔藓和地衣；家门前缀满葡萄的棚架，一到秋天便是一幅果实累累的样子；地瓜田里有我们被主人追逐而狼狈不堪的场景，我们虽落了一地的锅碗瓢盆，但有幸还是吃上了香甜的地瓜。

大地的心一定是五彩斑斓的，不然它怎么能够滋养出那么多缤纷的繁花，又怎么能够生长出我耀眼的年华。我要以青石板、石子路、骡子车、杏花雨，我要以一切拥抱你，你——我热爱的土地。

清明时，我看着大人们除草、扫墓、上香，想着这已然是中国几千年的习俗了。中国人讲求的落叶归根，其实是一种回归自然的状态。我们本来就来自大地，死后我们的躯体在土层里分解、腐烂，重新回到大地的怀抱，这正是生命的一个完美轮回。但人与自然邂逅却又是一个极大的错误。当我们砍下一片原始森林，做了另一片原始森林的门票时，我们扬扬得意的笑容里隐藏着最深的悲哀。当我们为大地灌上水泥装，并且努力将水泥堆砌到更高的层次时，当我们用砖墙围出一片"自然"，给它一个名字，让它接受游人的膜拜时，我们已经失去了回归自然的能力，失去了落叶归根的权利。

故土终是不复往日了，它只能成为一种记忆。在这记忆里，我掬一汪清水，握一把苍凉。

又到春花烂漫时，春花无处觅归根。

海　恋

乔　琪

我是一个爱海的人。

记不清自己的恋海情结是何时开始的，只记得一见面，对海，就有一种无法言语的爱，这份感情，就如那流动着的月华，卷不起，拂不去。于是，也不知是何时起，每年唯一的期待不再是新年，而是每年夏天的那次与海的约定。

我爱海，爱它的广博，爱它的包容。

我不会游泳，当然无法享受那种在海里翻滚腾跃、搏击浪尖的激情飞扬，我所爱的，是找一块孤零零凸起在浅滩处的礁石，一个人坐在上面，撩动着手边细腻的波纹，踢腾着翻滚的细浪，任海风肆意吹乱自己的头发，在广博的大海面前享受自己的渺小。也许，大海的广博，就是因为它包容了一切渺小，在它的心中，一江一湖，一涧一溪，甚至一个雨点儿，还有一个渺小的我，都占据着无法替代的位置。也许，正是海的广博，给了它包容渺小的权力。因为它广博，江河甘心低下头，谦逊地进入它的怀抱；因为它广博，溪水在它面前找到了生命的意义，阔步向前；因为它广博，一个渺小的我，在它的心里找到了依靠，在它的怀抱里自由放飞自己的心情。

我爱海，还爱它坚定的守候。

我读过这样一个句子：你是海岸，是不变的守候；我是海浪，惊涛拍岸只是一次偶然的冲击。然而，我却觉得，潮涨潮落，风作风息，海岸上的沙来了，又走了，有的被吹卷到了另一片沙丘上，有的被海浪卷走，沉在大海深处。每次赴约，我都不曾看见一片前一次触过的沙地，只有海在天地间漂流了不知多少个轮回，还是那片我曾经熟识的海，还是那不变的守候我的海。我爱这片海，爱这不变的守候，纵使时间流逝，人事更迭，它还是那样痴痴地守候着，等待我每年一次的赴约。或许它是不忍心吧，不忍心让我一个人对着陌生的世界怅然神伤，它要给我一点儿永恒的等待和思念。

坐在海边，静静地，不去想身边的人声嘈杂，不去理会身边闪光灯不停地闪动，不去想这个世界还要我付出什么，心中只有这一片海，这一片博大的、包容的、给了我不变的守候的海，还有一颗爱海的心。

我是一个爱海的人，这个冬天，海恋依旧。

站　台

任晶晶

每每听到"站台"这个字眼儿，我的内心就百感交集。

十二年前，父母带着我离开故土来到无锡谋生。初来陌生的城市，没有朋友也缺少经验，单凭青春的热情与顽强的意志努力打拼，其艰辛可想而知。

低处的生活是混乱的，谋生的人们钩心斗角。凶恶的人以强欺弱，高处投来歧视的目光……那时我还小，本能地厌恶起新的生活。虽有父母的爱护，却日日盼着新年回家乡一趟，想着家乡的伙伴。而为了挣更多的钱，父母总舍不得回去。于是，每年新年便是我与父母分别的时刻。

那时，凌晨五点父母就叫我起床，帮我穿上新棉袄，扎好辫子，匆忙吃好早饭便把我送到车站。

可那哪是什么车站啊！无非是几根拦路的栏杆，寒冬的风吹得人直打寒战，割得人脸生疼。我总得缩着脖子一刻也不愿意松开。爸爸也不愿让我一直站着，就拉着我的小手，带我去超市买东西。依稀记得那个超市似乎很大，里面什么东西都有。爸爸让我挑，我不知道选什么好，他就帮我拿了许多。记得最清楚的是，他买了百事可乐与冰红茶。

从超市出来，寒风立马不放松地抽打脸庞，天还有些黑，但我却觉出来新年的气氛，因为要回家了，回家就是过年。我怀着无比美好的愿望缩在外婆身旁,望着大马路。

等到内心疲倦时,忽然听到周围许多声音——"车来了",我马上站起来,茫然地跟着外婆走,但内心涌出一股欢喜的泉。爸爸将我送入车内,帮我安排出床位,车上很挤,我就坐着。看着满车的人,听着熟悉的乡音,觉得这满车的人都和我一样开心。我晕车,爸爸临走时就说:"晕就睡,睡了就不晕了。"然后爸爸就下了车。车上的人又折腾了一会儿,没多久车便开了。我定定地望向窗外,看到熟悉的街道向后退去了,但没看到熟悉的身影。

车驶离了站台,一路颠簸,遇到好心的人可以早点儿到家,倘若是骗子,得周转两三天。有一次大雪天,外婆和我就遇到了一个骗子,黑夜我们都不曾合眼在找下一个站台。我们沿路打听,走啊走。我不觉得苦,只是想起爸爸妈妈,眼看东方泛出几缕白,便想爸爸妈妈现在该起来了。后来,我们到了一个很豪华的站台,这才是正规的站台,有时刻表。我漠然无助地看着美丽的时刻表,不知是喜是悲。

过了几年,家里换了新房买了车,年年回家不再需要站台,也再也不会去那样简陋的站台了。只是,那时站台上的喜悦不曾改变啊,父母善良的爱也只会越来越深。生活的变迁教我坚毅,告诉我做人要善良。

寒风吹着站台,将坚毅的人吹得高大,将历史吹成一幅意味深长的画。

迷 失

张 瑜

最近家里多了件烦心事——外公总是在城里迷路。这位已经八十三岁高龄的老人总在相似的街道前犹豫，总在电梯里犹豫着要上几楼，总在左右相同两扇防盗门前犹豫。父母总不让他出门，外公也总搬把凳子坐在阳台上。他总喃喃自语："年纪大了吗？乡下我可从没走错！这可真是……"目光随即黯淡了，继而是一下午的沉默。

城市里高楼林立，井字形马路将喧嚣播洒在每一处角落，寂静对于城市，太奢侈了。我们每个人就像城市迷宫中的弥诺陶洛斯，无可奈何。

小时候，我常常往外公家跑，我喜欢那儿的风土人情。但最喜欢的是家门口的那一片水稻田。春天，秧苗稀稀疏疏的，像个初生的娃娃汲取着大地的营养；夏天，水稻长得像青年小伙子，绿色的浪潮一阵一阵，又像绿色的钢琴键；秋天，水稻褪去了青涩的外衣，沉甸甸的颗粒朝着人们招手，这是丰收的信号；冬天，万籁俱寂，田地间只剩下光秃秃的土壤，蛙鸣、蜻蜓翅膀颤动的声响随着到来的北风一点点消逝。

早就有人告诉我，乡村的夜空会有很多星星。当真的面对它们时，我静静伫立，仰视天空，以臣服的态度面对自然的神奇。繁星似锦，让我想起的不是什么价值几何的钻石，而是幼儿园那首《小星星》："一闪一闪亮晶晶，漫天都是小星星……"再次哼唱这首歌谣，我已从牙牙学语的小屁孩儿，变成了处在花季的少女。人变了，天空的注视不会变。当一个村庄画上句号，工业、商业抢夺地盘，变成了工业区商业区时，忙碌的人们不会知道，这片天空的注视亘古不变，它从亿万年前来，敏锐如智者的目光不变。好想躺下汲取此刻的宁静，让空气驱赶体内城市的喧嚣，让狂热的心跳平复下来，我想，这也是天空所要告诉我的。

那大片的油菜花田，像阳光倾泻在大地上，初升的阳光交织着。风微微地吹，花田麦浪似的波动，闪烁着金子般的光辉。

乡村的一花一草、一人一物总能让人静下心，思考内心，然后沉浸，沉醉。

乡村带给我的是朴实的感动，带给外公的是家的思念。外公出生在这里，与这片土地血脉相连。

外公又和妈妈吵起来了。外公总是只记得他年轻时那个年代。阳光照射在外公身后的防盗窗上，刺眼得让人流泪。

我拉起外公的手，在他惊讶的目光中，哄着说："外公，我们回家。"

是啊，过年回老家几天吧，离家是迷失的开始，回家是迷失的结束。

木 秋 千

田雁南

秋千，是个让人浮想联翩的充满诗情画意的名词，然而在这座现代化气息十足的城市中，越是诗情画意的东西，越不能立足其中了。臣服于现代化生活脚下的人们，没有时间，没有精力，更重要的是，没有心情去欣赏那一番诗情画意了。

我今天要说的，不是现在的孩子玩的公园中的那种铁链秋千——橡胶坐垫，横吊在一根钢铁架上的印象派秋千，也不是庭院中那纯粹为了装饰而装饰的座椅式秋千，而是那接近自然的生态化的我记忆中的木秋千。它许是有几分相似于沈从文先生在《云南的歌会》中描写的"用马皮做成丈来长的秋千条，悬挂在高树上，蹬个十来下就可平梁"的秋千，但它绝不是那样的秋千。

沈从文先生笔下的秋千粗犷而带着几分不羁的气息，而我眼中、心里的木秋千永远是那么温和质朴。

那是我就读的幼儿园中的秋千。它静静地立在那无言的草地上，掩映在几丛婆娑树影中，从清晨立到黄昏。一块木质的长方形木板，上面的纹理因岁月的亲昵而淡薄了颜色，频繁地使用为它打上了一层光滑柔和的蜡质。两端穿了孔，两条结实的螺旋纹的草绳从洞中穿出，直向上攀去，优雅而随意地系在木质横杆上。横杆又由它的同伴支撑扶持着，立在半空中。这实在是我的木秋千啊。你找不到一个螺丝帽，寻不出一枚铁钉子。木秋千对于小时的我，有着巨大的魅惑：它为什么全都是木头造的呢？神秘而崇高。

那时的我，不钟情于滑梯之类别的玩具，独独偏爱在他人眼中笨拙木讷的秋千。放了学，不肯跟父母回家，总是让爸爸或妈妈推着秋千荡，直荡得太阳落山，门卫爷爷要锁门了才肯回家。临走时，还不忘在心里叮嘱一句"明天，我再来看你"。我心中的木秋千啊，串起了我童年的美好与快乐。那一整段记忆，如同那缠绕在秋千支架的藤蔓一般，依附在我的木秋千之上。

然而人总是要长大，即使我们曾那么坚定地拒绝长大。不知何时起，我的日子渐渐远离了木秋千，慢慢地也就习惯了没有木秋千的日子。等到我恍然间想起它时，却从妈妈口中得知，幼儿园已迁往别处了，那儿被拆掉了。仿佛人生中最重要的珍宝失落了一般。最失落的是，我原以为一直把它珍藏在一个万无一失的盒子中，想要打开盒子时，却被告知盒子没有了。那种沮丧你能明白吗？

原来僻静的小巷也成了繁华的商业街。我迷茫地踱着步子，再也找不出一丝一毫那曾经有过的小花园的痕迹。我也想为我的木秋千大声哭一场，却不知要将眼泪洒往何方。

现在的生活里，再也找不到那附着藤蔓的木秋千了。有的也只是那种三点一线式的简单结构。我只能在心底，默默地念着我的木秋千。想着在花香微熏的傍晚荡着秋千的快乐，眼角却不自觉地渗出泪水。

也曾安慰自己：旧的总要消失，看看那新的建筑吧；人总要长大，看看前方的路吧。然而新的就一定是好的吗？难道那高耸的尖锐的突兀的建筑物比我的木秋千更能完美地契合自然吗？看看那人潮涌动的市中心，快节奏生活的人们，享受着摩天大楼的雄伟的人们就一定比荡着木秋千的我快乐吗？

有些问题我们永远无法回答。

人类发展的进程应是与自然更好地融合的过程，而不是与自然斗争，看谁比谁更厉害的过程。戕害自然，失败的永远只会是人类自己。

可为什么我们离这条真理越行越远了呢？

目　送

仇　越

> 中年人的沧桑中，总有一种无言的伤痛：目送生命的逝去，目送生命的远行，却只能目送，无法挽留。
>
> ——龙应台

一

第一次也是唯一的一次看见父亲哭是在奶奶去世的那个午后。奶奶的六个儿女围在床边，密密地遮挡住了午后最炫目的阳光——当年考上大学却因穷困而辍学的父亲也在其中。我想父亲一直以来的些许遗憾也在这一刻消散了吧。奶奶最后将手指向了父亲，父亲轻轻地握住了她颤抖的手，将耳朵贴在了她的唇边。说完了最后的遗言，奶奶带着一丝微笑离世，留下了噙着泪花目送她离开的父亲。父亲说奶奶的遗言是"该上学了"。后来我才知道，父亲儿时总是由奶奶提醒他上学。也许在回光返照中，奶奶又回到了当年，也许让父亲辍学也是她一生的遗憾与愧疚。最终，任凭父亲感伤与哭泣，奶奶还是走向了一个未知的永远不会再回来的世界。

二

父亲将我送到了模拟考试的考场外，在我即将踏入那扇冰冷狭窄的铁门时叫住了我。他只说了"东西"两个字，瞧我不耐烦地蹙眉便戛然而止。在父亲的欲言又止中，我明白他在担心着我却又害怕影响我的心情而将自己的情绪压抑着，不让它有一丝一毫的泄露。最终，父亲将平时严肃的面庞挤成了一张笑脸，故作轻松地说："考完试又能放几天假了。"可他指间快要燃到指缝的香烟，那长长的灰烬却泄露了他内心的不安。我也向他报以微笑，而后转身离开。父亲以为一向能使我高兴的假期此刻能令我安心，但他忘了放假之后的高考才是真正令我不安的根源。我知道我的背后是父亲担忧而又期许的目光，尾随着我直至我的消失。但我只能离去。

三

读龙应台的《目送》时，我想象过父亲送我上大学的场景。父亲一定也会等待女儿给予他深情的一瞥，可我总是不回头，一次也不。就像不会告诉他我模拟考获得了高分一样，我害怕他期望过高。这不是目送我去旅游，等待我回来高兴地和他描述沿途的风景。这是一次一个人的探险，父亲目送我奔赴的是一个未知的世界。在那里我会渐渐成长。因此我不会回头，不会让父亲看到我眼中对未来的迷惘和惶恐，我只会留下一个笔直的故作坚强的背影，离开他的视线单飞，告诉他不必追，我会过得很好。

龙应台写道："我慢慢地、慢慢地了解到父女母子一场，只不过意味着，你和他的缘分就是今生今世不断地目送他渐行渐远，无法挽留。"我想我们能做的是把一个个逝去的身影捂在心口，今生不忘。

简　　单

方文澜

当手机被赋予了越来越多的功能，你是否怀念过简单的书信？当新搬迁的住宅被装潢得富丽堂皇，你是否怀念过陈设简单却幽静温馨的老屋？当大街上的女子一个比一个装扮得妖娆艳丽，你是否怀念过简单清纯素面朝天的邻家女孩儿？

本想追求一种简单的生活，生活却变得愈来愈不简单。生活的列车以前所未有的速度毫不停歇地向繁复驶去，从此与简单分道扬镳。

不是这样吗？人们越来越青睐复杂的事物：电器产品的功能越多越好，手机上的挂件越多越好，手腕上脚踝上脖子上耳朵上戴的东西越多越好……而简单的美却日益为人们所忽略。人们只知道追求更多，却不知道更多却未必更好。人们生活中需要的东西原本是极简单的——一处容身之所，一箪食，一瓢饮。然而人们却毫不知足地追求着，使得生活失去了本身简单而质朴的美。太多繁复的美丽的假象掩盖了生活本真的面目，人们又如何去追求生活的真谛？

古有刘禹锡，他的《陋室铭》中描绘的陋室可谓简单矣："无丝竹之乱耳，无案牍之劳形。"但这丝毫没有影响刘禹锡的生活质量和品位，"谈笑有鸿儒，往来无白丁，可以调素琴，阅金经"。他从这简单的生活中寻得了一种无上的乐趣。同样的还有"采菊东篱下"的陶渊明、"梅妻鹤子"的林和靖，他们远离尘世的喧嚣，脱离世俗的纷扰，过着一种返璞归真的简单的生活。这种淡泊的诗意的栖居不正是我们浮躁的内心里所缺少的吗?

今有齐白石,这位以画虾的精湛技艺而享誉画坛的老人,晚年过的只是普通人一样的布衣蔬食的简单生活。学者季羡林也是一样,他的生活之简单甚至可以用粗陋来形容。可是这丝毫不影响两位大师在中国文化史上的地位,反而由此成就了一段美谈。而且这种简单而朴素的生活折射出他们身上的一种高贵的品质。说到这里,你是不是可以体会到一种简单之美了呢?

简单之美即是不加修饰的鸟鸣,即是雨夜中欲说还休的秘语,即是一片恬淡、简洁、自然、不事雕琢的纯净的内心世界。

林肯在写葛底斯堡演说稿的时候,用的是向朋友借来的很粗糙的信笺;鲁迅创作时,用的是几分钱一支的"金不换";凡·高作画时,他的调色盘中的色彩最多不超过六种……

成功是不需要繁复的东西去装饰的,简单才更容易让你寻找到生活的真谛。

求知是在写诗

覃河清

寒假里听北大一位数学教授讲课，他个性十足，经常讲着讲着，就一下子把话题岔开了。其间他颇为风趣地给数学家排名列序——给牛顿冠上"数学之王"的称号后，又开始谈论榜眼高斯，他以一种预言家的口吻说："有时候天才是不可多得的，一些人终其一生为一个问题呕心沥血却无建树，当人类到了幽暗昏惑的时候，天才往往应时出现。当旁观者看天才时，只能唏嘘感叹。因为亲历者都知道，这种人只能是天上的神派下来帮我们的！"

这番话使我诧异，因为一个生活在中国才俊堆里的高级知识分子应该对唯物熟稔于心，怎么会讲出如此唯心而又不合身份的言论？而此时惯常不拘小节的他是那般真实、虔诚。

无巧不成书，开学后我们的数学老师半带戏谑地问我们："你们知道牛顿为什么发明微积分吗？"台下一片茫然，他便得意扬扬地笑道："上山砍柴，嫌刀不快，就回家耐心地磨出了尖刀。"台下一片大笑，都在嘲笑老师的无厘头和对名人的调侃，我却不由自主地产生了一种陶醉之感。

也许是自己想象力过于丰富吧！我竟想象出这样一种境界：一个薄雾袅袅的清晨，鸟儿唱着歌儿隐匿在山林的深处，露水亮晶晶的从草尖上滑落，牛顿手持弯刀立在树下，用力一劈却不见枝落，于是他低下头老老实实地磨起刀来,等雾气出山时,尖刀一挥便是树动枝落,待新生的阳光铺满了山林,牛顿身前是一片金光灿灿。

现在,这种意境可以用罗曼蒂克来形容了!

豁然之情顿由心生,那种幽微晦涩、艰苦卓绝的求知之路,竟然是这般诗意。无论是"神助"之说,还是"砍柴"之谈,两个理科人竟不约而同地将一种逻辑化、抽象化的求知历程感性化为一种唐风宋韵的画面。前者如李白,是一种"梦游天姥"般的浪漫;后者似王维,营建了一种水墨田园式的风景。

由此,我想到了两位科学巨匠,一个是爱因斯坦,一个是钱学森。据爱因斯坦的夫人回忆,他的旷世的相对论是在钢琴前完成的,那一天爱因斯坦弹完一首曲子后,便"疯狂地"写下了相对论公式;而钱学森更表示,自己的成就在很大程度上归功于身为表演艺术家的爱人蒋英,因为她在艺术上的感化使自己找到了一种深刻的思维灵感。

看来,包括诗在内的感性的艺术都与看似古板的科学有着不解的渊源。在这个大水走泥的时代里,我们习惯性地将他们剖开,细想起来其实是不对的。无论是在求知的哪条路上,如果我们能把自己当成诗人去绘景造境,治学也便成了创造性的活动;如果我们以诗意的心态去上山砍柴,即使没有悦人的收获,也会看到春暖花开。

阅读与城市

刘碧君

　　书，是人类文明的代表。人因读书而高贵、高雅、高尚，阅读给人们感情的释放和灵魂的解脱。尤其在这个到处都是歌舞厅里传来的刺耳音乐的繁华都市里，人们更愿意处在安静的氛围中，因此城市人便从繁杂的工作中脱出身来，从阅读中寻找一片心灵的宁静。

　　城市的生活是车轮式的，有谁敢停下来系鞋带，那么他一定被后面赶上来的车辆碾碎。偶尔人们还会自嘲"要是我是农民，该有多好啊！"农民付出的只是体力上的劳累，而城市人则不同，在一个空间那么小、地价那么高的城市，想找到立足点是较难的。为了生存，他们拼了命似的工作、赚钱，尽管生存资料足以让我们衣食无忧，他们也不会因此闲着，而是不断地追求，不停地探索。他们的心累了，然而在城市人心中却始终注满他们独有的开拓精神，正是这种进取心促使他们翘首昂视，阔步前行，朝着更高的目标，去追逐、去发展、去享受。因此，人们生活在这样一个充满竞争的城市里，便更需要通过阅读来荡涤心中的杂念。阅读，启迪了我们，使我们获得一丝慰藉和纯美。

　　渐渐地，阅读受到许多城市人的青睐。同时，文化文明也默默走近每一个城市人，人们开始学会放慢匆匆的脚步，去驻足观赏生活的美景。

　　有了阅读的雅趣，生活将变得张弛有度，我们才能给心灵留下休息的片刻，留出思考的空闲，留给自己一天中生活的甜美。阅读，给了我们心灵的栖息地，那里鸟语花香，繁花似锦。

走在大街上，你可以看到人们几乎手里都拿着一份报纸。城市人就是爱新鲜，爱打拼，他们不安于现状，他们将眼光放得更远，他们爱去了解外面的世界。为了更加丰富自己的头脑，城市人不断地从外界及时补充知识，汲取心灵的养料。

其实，不仅在国内的城市，就是在纽约、东京、莫斯科、伦敦、巴黎……在街头、在地铁，随处可见读书入迷的情景。阅读和城市已经密不可分了。

越是发达的城市，人们阅读的兴趣就越浓，文化在人们心中植下的种子就愈加显得朝气蓬勃，活力四射。

时下，有人质疑，文化的印记可能会被时间冲刷、埋没，还有人将文化比作在滑坡上唯一寄托着希望的茅屋，一场暴雨足以将其摧毁。难道文化真的那么脆弱，那么经不起考验，那么容易被人遗忘？答案当然是否定的，我们切忌杞人忧天，大家看看，在各城市里，我们不是已和阅读，和文化结下了不解之缘吗？我们已是密不可分的整体了。

我们不能保证每个城市人的文化水平，但至少，我们可以明显感觉到文化的气息在城市里扩散，弥漫在我们的身旁。也许目前市民的文化水平没有达到多高，但值得我们庆幸的是，我们周围有一股这么浓的书香气息，它将引领我们达到一定的人生高度。有了阅读的雅趣，生活就不再像原来一样盲目，一切将变得张弛有度，这些都是阅读给城市人的赠礼。

等 待

王北辰

等待，绵长细软的时光才禁得住的字眼，青骢马蚱蜢舟才载得动浮得起的年华，在新世纪的钟声里悄然间灰飞烟灭。匆匆的步履、赶早抢先的喧嚣已将它挤对得无处容身。

倘若张爱玲那一声"出名要趁早"早数千年喊出，姜太公钓到的只怕会是一汪清水。如今风头正劲的蒋方舟同学正是得了张女士的真传。七岁出书，十五岁加入地方作协，十八岁高考清华降六十分录取。战果辉煌，步步抢先。蒋妈妈传授育女心得："时不我待，不求最好，但求最早。"的确如此，纵观蒋同学的成长经历，果真如搭乘了神舟七号，极速成长，一飞冲天。等待，似乎成了弱者的专利，早被争强好胜的人们弃置在了一边。可谁关注过，蒋方舟极速成长的背后有着怎样的迷惘，盛名之下又有怎样的重负，孤独成长中又有怎样的寂寞与彷徨？一味地趁早抢先从不停歇，即便是一个成年人尚且倍感煎熬，对一个心智尚未成熟的孩子来说又该是怎样的苦痛？

可是很少有人想过这样的问题。社会对天才儿童的特殊重视驱使着一批又一批的父母将自己的子女推进了硝烟弥漫的战场——我家孩子一岁就能说话，你家孩子三岁就识得百字，他家孩子五岁就能写作……放眼神州，婴儿胎教课堂、幼儿早教辅导、各类儿童培训机构如雨后春笋般涌现，早已没人有耐心等待孩子自然成长！家长们浮躁的心中早已抛却了孩子的成长规律，一门心思揠苗助长。他们将孩子一个个送进各类培训中心，以为是在为让孩子跑得更快助上一臂之力。殊不知，没有了游戏的童年是多么的苍白，没有了伙伴的时光是多么的孤寂，没有了撒娇、没有了童趣的孩提时代是多么苍凉……纵使赢在了起跑线，输掉的是永远无法找回的幸福的童年时光！试问：一个童年不完整的人如何去感受幸福，而一个没有幸福感的人又如何成为国家的栋梁？

成长不是一杯速溶咖啡，而是一壶余韵悠长的碧螺春。急不可耐地大口灌下，只会觉得苦涩无比甚至会烫伤舌头。唯有安心地等待，在茶香氤氲中细品，才能品尝出这杯清茶的百般风味。

不求早，但求步步踏实，走出万般诗意。美好的人生不是催熟的，对未来的等待，也是你必须品尝的一种人生况味。

幽香处处

顾张琪

没有到无路可退的地步，还是尝试着一路向北走在田垄上。

看着一块块方田上长出的半米高的稻穗一夜之间已转入粮仓，田地里只剩下残余的稻梗，便感叹，汗水化作果实的过程也只在顷刻之间。

需要多少水来灌溉一亩方田，经过一百多个日日夜夜的汲取吸收，才能融合成一股弥散田间的稻香？

置身于稻香之中，虽比不上书香那种儒雅，却也相似。十二年的读书生涯如同稻米由春到秋，一天天一夜夜的日积月累，终将会迎来化作果实的那一季。我们恰似已至初秋。

涉足于田间，整齐的稻梗踩在脚下，感觉还是有点儿扎脚，越往田中，稻梗越发整齐。明年六月，便是又一次"稻穗"收获的季节，结局终究会像它们一样，整块田空荡荡的，可向田的四周走去，却另有一种韵味。

躺在田隙相接处的仍有一些遗漏的稻穗，拾起一搓，硬硬的稻棒支撑着饱满的稻穗，经过相同的雨露滋润和那些躺在粮仓的一样，散发着稻香。我不像教堂里做弥撒的那些人那么专注，却也虔诚地把它放回原处。抬头望见远方，拾穗者正挨着田边挑拣那些漏下的稻穗。换作我们，高考也不是唯一的出路，只要像稻穗一样努力过，无论在哪个角落，都会散发出自己的幽香。

一路向北，依旧有路可退。

方块田的西北角上，一片未被收割的稻穗依旧摇曳于风中，俯下身，它们并未像之前遗漏的稻穗一样饱满站立，只剩面黄肌瘦之态，这里是刚刚拾穗者经过之处，只是第二次被留在了这里。如果我们以这样一种病态面对裁决，结果也只能如此。撷下这一束稻穗，置于稻海中却未能寻找到它独特的香气。

此时已到了最北处。像这堆稻穗一样病态之时便是无路可退，我们长长的时间也只剩二百四十多天之远，衡量我们的并不仅仅只有六月的那场三天之试，被衡量的始终是我们的厚度。只要稻穗饱满，终会散发自己的幽香。

向北？向南？无论哪个方向，都是幽香处处。

黄 金 时 代

王雪纯

王小波在《黄金时代》里写道:"那一年我二十一岁,在我一生的黄金时代。我有好多奢望,我想爱,想吃,还想在一瞬间变成天上半明半暗的云。"所有疯狂的美好的青涩的耀眼的,全仰仗年轻;不到海枯石烂挫骨扬灰灰飞烟灭,决不罢休!

年轻,注定是一段无法小心安放的时光。北野武的《坏孩子的天空》中有这样一幕让我至今难以忘怀:两个刚打完群架的叛逆少年站在天桥上,桥下人潮消长。一个少年转头问自己的同伴:"我们是不是玩完了?"同伴眺望着远方的天空,眼睛里有忽明忽暗的火光:"不,我们的人生才刚刚开始!"他的话语像轻烟般飘散在躁动不安的世界里,却在他"坏孩子"的黑暗青春里砸出了一条裂缝,透进一丝光亮。再渺小的青春,都有高呼"刚刚开始"的权利,野草不仆从于春的暮色,方能烈火燎原。

三毛的众多作品中,我最喜欢的是那略显青涩的《雨季不再来》。那时的三毛还不是衣袂飘飘、遗世独立的文艺青年,也不是为爱而生、羁旅漂泊的浪漫女神。她也曾是一个为学习成绩担忧,为人际关系苦恼,为拮据生活发愁的热血少女,但我分明感受到她笔下那前所未有的活力和热情。年少的三毛一身锋芒,却无比真实温暖。因为年轻,她不惧怕犯错,不惧怕张扬,她在那段美丽的少女时光里努力地成长。

我相信这一定是她生命里最美好的时光，人到中年的她历经雨侵风蚀的落寞与苍凉，回忆一定还会静静流过那黄金岁月，那是年轻的她，那是最好的她。

或许年轻的时光终将逝去，正如《追忆似水年华》中所言："我终将遗忘梦境中那些路径、山峦和田野，遗忘那永远不能实现的梦。"但我不愿让那年轻留白，不愿待到流光偷换，碧海无波，仍是碌碌无为。年轻，当如春花般绝美绽放，当如火焰般纵情燃烧，当沐浴春雨暖阳，当以日臻完美的自己拥抱未来万丈光芒。不要让似水流年，匆匆擦肩而过，不要辜负这仅有一次的雨季。世界这么大，趁着年轻，我要出去走一趟。梦想那么美，趁着年轻，我要到彼岸去看一看。

流年似水，锦绣年华，惜我月满，花满，酒满。愿珍惜这泱泱年华，毕竟，这是我们最美好的黄金时代！

遇见生命的风景

张开颜

费尔南多·佩索阿说过:"除掉睡眠,人的一辈子只有一万多天。人与人的不同在于:你是真的活了一万多天,还是仅仅生活了一天,却重复了一万多次。"重复并不是一件极其糟糕的事,但无聊的重复却是悲剧。

人们可以选择春水秋云、独自安好的生活;人们可以选择叱咤风云、腰缠万贯的生活。我们生来不同,那些说错的话做错的事,那些流过的泪滴过的汗,使我们成为独一无二的自己。因为价值观的不同,我们会选择不一样的日子,也会憧憬不一样的日子,世界上并没有一个标尺衡量你的生活是对是错,人们框定的对错也不能将一切你自己的痕迹抹杀干净。你需要做的只是跟着你的初心,学会欣赏天地与细节,完美落幕。

有时候,我们选择生活的模板就如开一罐汽水、采一朵玫瑰、剥一个橘子,甚至眨一次眼那么简单。孤注一掷的创业者觉得那些平淡的上班族生活令人困倦,穿梭于各商厦的白领们觉得那些极限运动员的生活充满了不确定,攀爬险峰的冒险者觉得那些为赚钱想破脑袋的人太过庸俗。但是,他们每一个人都是真实地活着,我们又怎能轻易评判他们生活的意义与价值?创业者会失败,但他只是遵守当初最初的动念;白领会忙于同样的每一天,但他乐于奔波乐于现状,竭尽全力做好每一件事；冒险者会遇到生死攸关的险境，但他在每一次化险为夷中感受到了自己。"我们无法做到完美，所以我评价一个人就看他在做不可能完成的事情时，失败得有多精彩"，我们对待生活，也应该像威廉·福克纳对待失败者一样。不鄙夷别人的生活，不轻视自己的生活，因为每个人都在为自己的意义而矢志不渝。

梭罗在《瓦尔登湖》里这样写道：我愿意深深地扎入生活，吮尽生活的骨髓，过得扎实，简单，把一切不属于生活的内容剔除得干净利落，把生活逼到绝处，简单最基本的形式，简单，简单，再简单。对于梭罗来说，隐身于森林深处，过着自己的简单生活或许便是生命的意义，这是他自己选择的人生之路，这条路上的丰碑正作为超验主义的重要著作捧在后人的掌心。我们可以选择不读书、不冒险、不写字、不思考，但这无疑是将人生路边的参天大树一一拔尽，将每一道风景一一抹去，让自身的脆弱在骄阳下暴露无遗。生活就是生活，无论你选择用什么工具披荆斩棘、跋山涉水，你经过的都是生命里特定的风景，你的选择一定会指引你到达你应得的风景。

人总是在时刻改变着，这一秒的抉择与下一秒或许不同，但当我们演绎自己每一步确切的生活时，无论我们走的是直道还是弯道，我们都将看到浩瀚星河中的那颗星子，无边沧海中的那朵浪花，渺渺松林里的那棵小树，因为这都是我们应得的馈赠。

还有音乐和美食不可辜负

曹怡宁

很难得的半天放松时间，没有作业。我开了客厅里的唱片机，拿起围裙，穿上，系好。

从冰箱冷藏室里拿出解冻好的五花肉，肥瘦均匀，放在竹制案板上。阳光从窗子里探进来瞧，客厅里奏着慢板。要是时光此刻停住，多好。

切肉的时候，电饭煲正冒着热气，热腾腾的水汽裹挟着满满的稻米的芳香，让人感到格外惬意。那种舒适感就像是扑进了金黄色的谷堆，稻米摩挲着脸颊，或者又像黄昏时，赤足踏进被太阳晒了一天的海水。唱片机里放的是肖邦二十四首前奏曲的一号作品。每天在学校里重复着机械的铃声，让人头脑发胀，这会儿的钢琴声便成了最好的治疗。笋干静静地泡在白瓷碗里，微微的黄，衬出了亮晶晶的釉色。

锅里热水烧开，把切成小块的五花肉焯水过滤。然后另起炉灶，锅里油烧到五六成热的时候放葱姜爆香，再把肉下锅煎。奇妙的美拉德反应让肉逐渐变得焦黄，并散发出煎烤的香。此时正好可以拿老抽混着酱油膏吊色。差不多的时候，再倒些酒下去，没过肉块也好，再把泡好的笋干投下锅，遇热酒一挥发香气都能酥到肉里去。

酱色的汤汁咕嘟咕嘟地冒泡，曲子已经放到第三首了，四四拍的快板，兴奋得像是这翻滚的汤汁。

差不多收了汁，浇点儿蜂蜜增亮，盛在小砂煲里，撒葱花，诱人得很。

一碗白米饭，一碗笋干烧肉，伴着客厅里正转得自得其乐的唱片机。肉是晶亮亮肥颤颤的，糯而香甜，笋干浸透了肉汤的鲜美，又不失清爽，就着新米煮成的白米饭，嚼得出麦芽糖的微甜。第九首前奏曲在屋里缓慢地流淌忽而又有几丝小波澜。外头的阳光正是最热烈的时候，照得楼底下那几棵常青树泛着绿油油的光。

苏轼写宁可食无肉，不可居无竹，那竹肉并煮，秋风里吃倒也别有一番意趣吧。

"如果有天我们湮没在人潮中，庸碌一生，那是因为我们没有努力活得丰盛。"

偷得浮生半日闲，说到底，该来的还是躲不掉，比如那说起来总让人有些畏惧的高考。但高考之外还有生活，还有美食和音乐啊。我懂得了去爱太阳的光芒，爱麦子和稻谷的香味，爱油锅里袅袅升起的烟气，爱空气里跳跃的音符以及不再惧怕未来的时光中岁月不经意间涂抹在我面孔上的每一条皱纹。

我真正懂得了如何热爱生活，拥抱这个世界。

珍视平凡中的伟大

王新璐

竹木莽莽，碣石潇潇，大山因其巍峨而为人赞叹；不择细流，海纳百川，沧溟以其浩荡而让人铭记。生命如鲜花般灿烂，如流星般耀眼固然令人艳羡，可是加拿大女作家爱丽丝·门罗告诉我们：那些最简单也最平凡的东西才是我们生命中的奇迹。

其实平凡并不意味着毫无价值，它是一种低调而内敛的品质。正是每一颗平凡的星星以其淡淡的微光营造了美丽的夜空，正是每一个平凡人的一点点的努力与奉献创造了如此美好的社会。因此我们要看到平凡人身上独特的光芒，珍视平凡中的伟大。

平凡人身上亦有人性的光辉，人格的伟大，值得我们去发现，去敬佩。白芳礼的车轮滚动不息，传播善意，满车爱意；杨善洲的林地再添新绿，清风浮动，满山苍翠；高淑贞的小院爱心常驻，阳光洒播，满屋温馨；王顺友的邮车总在路上，一路车辙，满道感动……平凡的人们用心做着自己想做的事，于平凡中传播出感动，于渺小中传递出伟大，他们的身上亦有人性的光辉、人格的伟大。让我们发现并珍视平凡人身上独特的光芒吧，这或许就是"感动中国"人物评选的宗旨所在。

平凡人身上亦有非凡的才能与智慧，亦可铸造非凡的成就，值得我们去赞美，去仰望。看到蜿蜒曲折的铁路在世界屋脊上腾飞，呼啸的火车在青藏高原疾驰而过，我们会赞美国家领导的英明决策；看到巍巍雄壮的鸟巢在北京屹然挺立，奥运会开幕式呈现给我们中华五千年的绚丽历史时，我们会想起设计师的高超。可是我们怎能忘记，是铁路工人在高寒缺氧的艰苦环境中挥洒汗水，我们怎能忘记，是鸟巢工人在烈日下将图纸变成建筑。没有他们，我们看到的也许只是几张设计图，一堆杂乱的钢铁罢了。人类历史的河床不只是伟人铺就，更少不了无数平凡普通的劳动人民的血汗。历史巨变不只是领导者的高瞻远瞩审时度势，更凝聚了无数平凡人的伟大贡献。

黑柳彻子在《窗边的小豆豆》中说："世界上最可怕的事情，莫过于有眼睛却发现不了美，有耳朵却不会欣赏音乐，有心灵却无法理解什么是真。不会感动，也不会充满感激。"我们要有一双慧眼，有一颗纯真的心去发现身边平常事物的美，更要看到平凡人的价值与光芒。

非常喜欢菲·贝利的这句话："不要光赞美高耸的东西，平原和丘陵也一样不朽。" 珍视平凡中的伟大，让我们向小人物敬礼，向平凡者献歌！

不活在别人的眼光里

胡小莉

但丁曾说过："走自己的路，让别人说去吧！"

我们一路风雨兼程，形形色色的人对我们提出质疑，各种各样的人戴着有色眼镜看我们，讽刺或赞赏，不屑或敬佩，但这些都微不足道，因为，我们从不活在别人的眼光里。

曾经有一个人，对于自己最热衷的生物学，却学得一塌糊涂，就连老师也评价道："我相信他有成为科学家的志向，但以现在的表现来看，这真是万分的荒谬可笑。"在西方的教育中，这种直白的讥讽是十分罕见的，对他的打击可想而知。然而，他对生物学的乐趣只增不减，甚至在大学里养过几千只毛毛虫。后来，他毅然转入动物学系，克隆出了一只青蛙，被称为"克隆教父"——约翰·格登。

别人的眼光有时也重要，我们只是一个个普通人，不能忽视别人的眼光，但人生不由别人的眼光定论，策马扬鞭乘风破浪亦未可知。

格登荣膺2012年诺贝尔奖，而另一位获奖者山中伸弥，经历也是惊人的相似。酷爱柔道和棒球的他，在训练中几十次骨折，深谙其中的苦痛。为了帮助受伤的运动员，他最终成为一名研修医生。然而他在第一次做手术时捣鼓了一个小时仍未完成，而熟练的医生十分钟即可，为此，他被前辈们戏称为"绊脚石"。这样的一块"绊脚石"，在以后的岁月里，用坚毅进行胚胎干细胞研究，忍辱负重数十载，一举成名天下知。

　　我们不得不佩服山中伸弥，一个在手术台上毫无建树的"绊脚石"，不屈服，不畏缩，在医学界取得了万众瞩目的成就。谁笑到最后，谁笑得最好。

　　别人的眼光，总是一把利刃，一点儿一点儿剜开你的皮囊，令你体无完肤，连心也是伤痕累累。此情此景之下，你也可以选择将真才实学展现在明媚阳光下。一代京剧大师梅兰芳，幼年被"预言"不适合表演京剧，大师以此警示自己，坚持不懈地用鸽子训练眼神，终得享誉一生。别人的眼光，所表达的只不过是别人的意愿，你只须做好自己，没有必要做一个人人都喜欢的苹果，你就是你，独一无二的你。

　　大千世界的林林总总，总是在矛盾中共存，我们会经历的，远远不只当前不平的沟壑。有人会看轻你的才华，抛一个蔑视的眼光；有人会嫉妒你的理想，留一个鄙视的神情。但这些对于人生来说，只不过是沧海一粟，不足以反射整个太阳的光辉！不在乎别人说什么，不活在别人的眼光里，做自己喜欢的事，坚定信念，矢志不渝，愈挫愈勇，就一定能踏平坎坷成通路，越上辉煌之巅！

致我们逝去的美

徐耿婧

夜落下了帷幕，我趴在阳台边，望着楼下的车水马龙，绚丽的霓虹灯映亮了半边夜空。

在我的梦里，一直有一个模糊的画面：悠悠流水缓缓穿过城镇，乌篷船轻轻荡过水面。河两岸是青石板铺成的道路，一家家茶楼，客栈，货行随意坐落在两岸，缕缕炊烟从客家楼房上飘出。傍晚时分，独自一人登上高楼，推开古老的窗儿，捧上一杯花茶，伴着轻缓的音乐，望着窗外夕阳陌陌，流水悠悠，吟几句"春花秋月何时了"；或相约几个挚友，走出古城，在田野望着繁星点点，以灵山为枕，以秀水为弦，赋广陵之仙乐，操伯牙之妙音。多么美的一幅画面，多么令人魂牵梦绕。

只是，我知道，这仅仅是个梦而已。试问如今的城市在哪还能看到清澈的流水穿过城镇？"今人不见古时月，今月曾经照古人"，然而，有多少古人曾欣赏过的美景在我们当今的生活中还能再现呢？也许曾有些地方，虽不能称得上世外桃源，却也能说是风景如画，有那么几丝韵味。

一直向往着，向往着只身前往大西北，在朔风呼啸中追逐那消失千载的驼铃声；一直向往着，向往着能够独下莺花烟雨的江南，在月光盈盈风拂芭蕉的夜晚，漫步在退思园的小径上，贪婪地呼吸着远风吹来的檀木花香；一直向往着，向往着独自一人泛舟于赤壁之下，赏"乱石穿空，惊涛拍岸，卷起千堆雪"；一直向往着，向往着……立于常年断流的黄河边时，除了满目的干涸和河床爆裂的褶皮，除了缺水的焦渴和嘴唇的干燥，纵然我们有天马行空的想象也难以见到"君不见黄河之水天上来，奔流到海不复回"的磅礴气势，还有谁能够从那断流的河水中打捞起一千多年前李太白心中的那份豪迈？再过几百年，孩童们是否会得出"文学就是撒谎和胡扯"的定论呢？

童年的记忆中，时常有"两个黄鹂鸣翠柳，一行白鹭上青天"，"西塞山前白鹭飞，桃花流水鳜鱼肥"等诗句在脑海中盘旋。可如今，校园里还飘荡着"两岸猿声啼不住，轻舟已过万重山""山光悦鸟性，潭影空人心"的琅琅书声，而那里却已是秃山裸岭，雀兽绝迹；一边是常年流水如丝的瀑布，一边还在吟诵"飞流直下三千尺，疑是银河落九天"。这些本已经荡然无存的意象，在现实中难以找到任何参照和对应，却硬要晚生们在其中抒情陶醉一番，这是何等的荒唐，又是何等的悲怆！

是否还记得"蒹葭苍苍，白露为霜""关关雎鸠，在河之洲""呦呦鹿鸣，食野之苹"，当我们抚摸《诗经》的同时，内心除了对美的深切感受外，更多的是一份莫名的恐惧与冰凉，疼痛与战栗。我曾在傍晚时分站在长江边上，望着夕阳余晖，闭上眼睛，试图去感受那"落霞与孤鹜齐飞，秋水共长天一色"的意境，但却悲凉地发现这份意境已经离我们而去了，而如今阅读竟成了永诀与追悼！

滴滴答答，几滴泪珠滑过脸颊，滴落在地上，泪珠与地板撞击声发出如广陵散一般的绝唱，是为已逝的美丽而哭泣，还是为今后的世人感到悲怆呢？当曾经的繁星点点化为现在的霓虹灯；当曾经的踏雪寻梅、祝酒对歌变为现在的奢靡攀比、欲望涌动，我们该何处寻找当初的生活？

为什么不慢下来？为什么不回头看看？为什么一定要执着于创造一个又一个相似的高楼林立的城市，而不复当年的大漠孤烟圆月，小桥流水人家？缺失了对自然的景仰，沾染上浓厚的商业气息。正如一位名人所说，"我们唱了一路的歌，却发现无词无曲，我们走了很远很远，却忘了为何出发"。也许，曾经只是想建立起一个更加美丽的家园，却不想前行途中背离了方向，在这条路上越行越远，最终使得华夏五千年的传承渐渐成为我们心中一份遥远的回忆……悲哉！叹哉！

徜徉韶华　随枝可栖

余秋雨说："没有锈蚀的文物是虚假的，没有皱纹的祖母是可怕的。还历史以真实，还生命以过程。"我们迈出的每一个脚印，都会使逝去的时间充满质感。时间是永恒的，我们敌不过它的无垠，但上帝也是公平的，他赋予每个人一张白纸，任我们挥斥方遒，任我们丰盈自己的生命。

梦回唐朝

刘昱彤

唐风似酒，我愿沉醉其中，品那街市车声，秋风夜雨……

唐的味道多变，若灿烂星汉，又似冷月寒霜，虽然捉摸不透，却也有迹可循。

欲品唐风，首推一个"侠"字。侠亦分两类，李白似神仙，是在天上行走的侠，以酒为伴，浪漫溶骨，写下的是绮丽，是梦幻。他写愁如"举杯消愁愁更愁"，写仙人则是"弄电不辍手，行云本无踪"，于是，他绣口一吐便是半个盛唐。杜甫则不同，他是凡人，是在红尘世俗中踽踽而行的侠，他的所见所闻都是真，写下的是历史，是时代。他写潮水如"江间波浪兼天涌"，写灾难就是"牵衣顿足拦道哭"。这般看来，他铺就了晚唐的历史。

世人皆叹唐之江山如画，我却认为其江山应多妩媚，没了红颜软骨的江山便了无生趣。唐的神奇之处在于，生于这个朝代的女子都是温柔而奇异的，出名的如吴兴李季兰，她"善弹琴，尤工格律"，是不可多得的才女。她文采斐然，笔下之诗也是佳作甚多。她写相思如"莫怪阑干垂玉箸，只缘惆怅对银钩"，写夫妻则如"至高至明日月，至亲至疏夫妻"。细品这些奇女子们"毫端运秀临霜写，口齿噙香对月吟"的风韵，才发觉大唐少了这些翠袖红装，也便不是让我沉醉的大唐了。

除却红颜，大漠似乎更吸引儿郎。那是纵横沙场，是马革裹尸。

沙场总能孕育英雄，譬如裴旻，他挥剑是"剑舞若游电"，弯弓则是"一射百马倒，再射万夫开"。武将视沙场为驰骋的原野，墨客则视其为灵感之源。论边塞诗人，岑参与王昌龄是不可不提的。王在军中生活，所见即诗，所感即文，"青海长云暗雪山"一诗足以撑起大唐半壁江山。岑夫子文人傲骨，落笔惊神，一句"千树万树梨花开"绘尽边关之柔美处。

沙场纵好，却不及田园中逍遥快活。有生之年，若能食清风雨露，享日月星辰，与山石草木同居是何等惬意！这也就是唐的另一种风味——隐逸。这其中代表便是常建、张志和二人。常建为佛家信徒，观自然和谐，写诗云："山光悦鸟性，潭影空人心。"张志和则是江上一钓翁，寄身于天地，作诗曰："钓车子，橛头船，乐在风波不用仙。"他们二人行走于自然，当真"傲杀人间万户侯"，如何不快意？大唐如何不因这类人而洒脱？

梦回唐朝，我愿拈一缕唐风，细细品尝。大唐啊，是那吟不尽的西风渭水，落叶长安！

挽留传统之美

龚 栩

挽留传统之美，守住内心的一份宁静。

佛家有云："高山插青云，碧水种莲花。"于世间万事皆是如此，不附污浊，这是古人流传下来的雅性，而宣纸轻盈铺展，与水慢慢交融成浓黑的墨汁，深情地书写于泛黄的薄纸上而呈献一幅幅遗世佳作。无论是谁，一见便知此乃中国文化。而一向闻名世界的文化如今却不被本国人民重视继承，漂洋过海，成了别人的东西，华夏子孙在面临前所未有的社会高速变革时期，精神无处寄存安放而愈显慌乱急切，这时，那些存放箱底的珍宝应被拿出，细细品味。

有句话说"世人被荣利束缚，动曰尘世苦海，却不知云白山青，花迎马笑，静心焉尔矣"。应对这"后物欲时代"，更需挽留传统之美，静守内心安定。"官员贪腐，土豪炫富，明星吸毒，全民参赌……"如风暴般朝我们所处的社会涌来，负面影响虽很强大，而心若明镜之人亦不在少数。此刻，应需褪却功利心在人心上的层层阴影，回望历史长烟缕缕，那份"行到水穷处，坐看云起时"的悠然自在，那"疏影横斜水清浅，暗香浮动月黄昏"的恬适，穿梭于林间小道，修篱种菊，静心修行，感受传统的宁静带给人心灵的涤净。

物质富足与精神空虚的对立使人失去平衡，心灵本轻盈，为何还要将追求物欲这沉重的桎梏套牢其上。

挽留传统之美，守住内心平静，于一丝一缕茶香中还原本真，于一花一叶中知生活的真谛，单衣素食，赏玩古器，轻拨珠盘。以敬畏之心去品读前人的文章以及浩如烟海的唐诗宋词。

传统之美能洗涤心灵，于厚重的文化中使人心安定，挽留她，使其常驻国人心间。

独 行 侠

宁 玥

天空中只见大雁成行，不见雄鹰成双；草原上只有羊群结队，猎豹难见联合绞杀。太阳独自走它的轨迹，白天黑夜都被它主宰；万千星芒点缀天空，也无法将黑夜刷成白昼。武侠小说中的大侠，大多也孑然一身、来去潇洒。独行，因为强大得足够承受狂风暴雨，因为不论宠辱都能淡然而对。

李白少时就入中原游学，广结各方名士，以期得到推荐，实现自己的政治抱负。他才华横溢，斗酒百篇，很快就得到唐玄宗的赏识。入宫后，李白依旧潇洒不羁，让力士脱靴、贵妃研墨。皇宫犹如牢笼，困住李白的双脚，也困住了他那颗自由行走的心。不久，李白被赐金放还，他回到了他所热爱的山水之间，挥笔写下"安能摧眉折腰事权贵，使我不得开心颜"。从此，他云游四海，无挂无牵，写成无数流传千古的诗篇，成就一代潇洒游侠。

"我的时间未到来，有些人要死后才出生。"尼采如是说。尼采独行在自己的哲学世界，用狂妄的思想与辛辣的笔触抨击着现代社会和基督教的神学统治。他勇敢揭露现代文明的虚伪，一声断喝"上帝死了"。他走得太快，没人能跟上他的思想，没人有资格与他并行，于是人们将他看作另类、疯子。世界不懂他，他注定要独行。

独孤求败从未在金庸的小说中出场，可人们一提起他便肃然起敬，这大概就是独行者的魅力吧。败尽天下高手，求一败而不可得——这是人们公认的独孤求败的一生。他斩断情丝、挣脱羁绊，将一生献给了武学，练成独孤九剑，从此成了江湖第一高手。"哥不在江湖，却有关于哥的传说"这句自恋的调侃出乎意料的格外适合他。

在这个"大家好才是真的好"的时代，独行侠往往不受欢迎，那些如蝼蚁般苟活着、从来只想着抱团让自己侥幸获利的人给他们贴上孤傲、清高、自私的标签。

人们常说：独行快，众行远。可是人只有跑得飞快才能感受到呼啸而过的风，只有跳得最远才能拥有静止在空中的神奇体验。

独行侠是我们用来仰望的太阳，向着太阳热烈地生长，就算成不了太阳也能开成灿烂的花。成不了独行侠，我们可以向每一个孤独的强者致敬。

心有繁花　清香自留

卢　潇

台湾知名作家林清玄曾说："心明亮，世界就明亮。"墙角鲜花的芳香便是真正有才能的人那明亮的内心，一个真正的天才就如墙角鲜花，不惧寂寞，不怕清苦，靠自身的魅力征服世界。

泰戈尔有言："我相信群星中有一颗星星，引领我的生命，穿越不可知的黑暗。"

伟大的人是不会受制于寂寞的，他们习惯挣扎于孤独，在沉默后爆发。奥地利作家卡夫卡生于社会深刻变革时期，他用荒诞的形象与象征直觉的手法表现当代人的生存状态，正是这种写法遭到当时人们的误解与抨击，他默默无闻备受冷落地走完了一生。直到他去世几十年后，人们才认识到卡夫卡的重要性，掀起一阵阵的卡夫卡热。明朝末年有一位落第的举子名为张岱，因书剑农工皆学不成而饱受世人藐视，但他性耽于文字并喜欢梨园歌舞与紫檀书架，细味生命的纯粹与简单，化作《陶庵梦忆》，为浮躁的世人送来一味清凉。鲜花并不喜爱孤芳自赏，只愿为世人留下一段清香，沁人肺腑。

宫崎骏说："孤独是留给自己思考的时间。"他们在孤独中用睿智的思索探寻真理，心盛繁花，香自心出。

加缪出生在阿尔及利亚的穷乡僻壤，与母亲相依为命，在贫民窟中过着艰苦清贫的生活，但他依靠惊人的毅力挨过缺衣少食的学习生涯，最终他的才智未被埋没，《局外人》使他一举成名，蜚声文坛。有"流星数学家"之称的法国数学家伽罗华创立了具有划时代意义的群论，而他的论文却被法国科学院否定，坚信自己成果的他与其他科学家展开了十几年的论战，十几年中他埋头苦干，不断完善自己的理论，群论终于得到了认同。苏轼曾云："古之立大事者，不唯有超世之才，亦必有坚韧不拔之志。"沧桑打磨出坚毅的性格，执着的追求给予他们直面人生挫折的勇气，苦难只不过是寻求真理的阶梯。真正的人才从来都是昂首，困境无法将他们束缚在原地。心中鲜花开满，清香源自苦寒。

"只有在我深心的旷野里，才能高唱出真正的自我之歌。"这是诗人穆旦内心的呐喊。那肺腑的芳香就是他充满魅力的人格，正是他强大完满的信念以及超越常人的隐忍使之踏上了成功的路。正如蒲丰所言："天才就是耐性。"

真正的天才经得住岁月的考量，伟大需要时间打磨。瓦特被身边的同学冷落，但他勤于思索的性格助他成功改良蒸汽机从而改变了世界；欧·亨利在囚狱中倾心写作，皇天不负有心人，他成为世界短篇小说巨匠。"精诚所至，金石为开。"一个真正的天才，他的信念能够超越一切，使他的价值能够实现并经年不朽。他们苦心经营的心灵花园繁花怒放，沁人的清香便如他们高洁的品格以其巨大的魅力来感染世人。此刻，清香永留，世界为之折服。

"忽然一夜清香发，散作乾坤万里春。"若一个天才能够把持操守，任心灵之花芳香四溢，那他就永远不会被埋没。

心有"祖",行无阻

胡小莉

古书记载,"别子为祖,继别为宗,继祢者为小宗,有百世不得迁宗。"其宗祖意识可见一斑。"山一程,水一程,聒碎乡心梦不成",行路万里,唯有心中有"祖",方能通行无阻。

在这个缤纷的世界,总有一些人能通行无阻。身居美国的华罗庚在中华人民共和国成立后不久,便斩钉截铁地宣布:"我爱我的祖国,我要回国!"革命导师列宁,被流放外国后毅然排除千难万险,回到日夜眷恋的祖国奉献自己的热血。倘若没有"祖国"这个强大的概念做支撑,他们还能在历史上写下一片辉煌吗?

心中有"祖",时刻挂念着远方,心灵才不会空虚。看过这样一个场景,美国旧金山街头,很多本不相识的华人为庆祝新年而聚在一起,此时忽然有人高唱:"一条大河波浪宽,风吹稻花……"音调不是很准,但气氛在那一刻高涨,远在异乡的他们齐声高唱,泪水涟涟。我想,在那一刻,他们是幸福的,因为他们心中有"祖",不管漂泊何处,精神永远定居在祖国。灵魂需要一根树枝来栖息,这样的心灵才不会空虚,这样的人生才不会尴尬,这样的人生才没有遗憾。

我从哪里来?我是谁?要到哪里去?这个困扰世人多年的问题至今未解决。只有认清自己从哪里来,才能在这个世界占有一席之地,才能走得更远。所谓"祖国",有"祖"才有国,有"祖"才能无阻。正如一首歌中唱道："家是最小国，国是千万家。"心中有"祖"，撑起一国的文明，一国的安危。即使风烛残年的烛之武，在国难当头时亦心怀祖国，"夜缒而出"，最终功成身退。

在华夏这片古老的土地上，孕育着一代又一代，丰富了"祖"的内容，但归根结底却是变中坚持不变的东西，是我们世世代代赖以寄托灵魂的载体，没有人能剥夺这些权利，也没有人敢失去心中的"祖"。余光中写道："乡愁是一湾浅浅的海峡，大陆在那头，我在这头……"而现在，海峡两岸来往络绎不绝，因为我们心中有"祖"，所以行无阻。

有用无用之辨

王 晓

英国诗人拜伦去世时，举国哀痛。几个商人看见大街上浩浩荡荡的送葬的队伍经过，议论道：诗人到底有什么用？怎么会有这么多的人愿意去为他送葬？

在这些商人看来，诗歌是毫无用处的——饥不可食，寒不可衣。可是他们哪里知道，拜伦以及许许多多的诗人留下的那些精神佳酿曾经滋润过多少人干涸的心灵，引起了多少人情感上的共鸣，给多少人以至美的享受……如果只用看得见摸得着的"有用"来衡量世界上的每一件事物，进而决定对它们的取舍，那么这个世界必定与洪荒时代无异。

英国古生物学家玛丽·安宁小时候在家附近玩耍时，偶然捡到一块奇特的石头，一个过路人连哄带骗地将其买去，然后狡黠地对她说："你知道吗？这可是恐龙化石！"小玛丽并没有因此难过，反而由此激发出她搜集恐龙化石的欲望，并开始了自己长达一生的寻找恐龙化石之旅。她曾经花费十年时间，只为清理一个蛇颈龙亚目化石。她不知道，正是她这常人看来无甚用处的举动，便有了闻名世界的"侏罗纪公园"。尽管她一生艰难，四十七岁便在穷困潦倒中离世，生前还一直遭到众人质疑，"你做这些有什么用？给你带来半块面包了吗？"但是，她的行为给后世恐龙研究者提供了极大的方便，其意义又岂是用一个"有用""无用"可以概括的！

这世上有不少事情在一定时间内不被看好，可经过时间流水的淘洗，便会显现出它恒久的魅力。凡·高一生孜孜以求，却始终得不到公众的承认，除了亲人的支持，他不被任何人赏识。他的画作在当时的人看来，无疑是"无用至极"。可是在他去世后，其作品的价值渐渐被大众所认可和欣赏。一幅《向日葵》，以浓烈的色彩和喷涌而出的情感，激励了无数人奋发向上——作为一部艺术品，难道还有比这更大的用途吗？

　　我想，不是只有带来物质利益的东西才能称为"有用"，我们评判"有用""无用"的标准不能总是被物欲左右着。徐霞客当年放弃科举，游历天下，留下了一篇篇字字珠玑的精美游记，可在当时的人看来，这远不如考取功名来得有用。今天的高考考生在选择自己的专业时，一心扑在经济、管理、金融这类热门学科上，而对科研、人文等专业不屑一顾。而这些无法直接带来经济利益的看似无用的学科却是承载人类精神文明的宝藏。

　　不要拿物质的标准去考量人们所作所为有用与否，也不要用鼠目寸光去判定一个人的倾心付出是否值得。"风物长宜放眼量"——时间才是考量一个人的付出、衡量一件物品是否"有用"的试金石。

徜徉韶华 随枝可栖

瞿雪儿

很是讨厌电子手表：时光的长河似被那一串串跳跃的数字切割成了每一分每一秒，毫厘不差，却也毫无生机。

对于古老的日晷，我倒是有着一种别样的情愫：随着太阳的东升西落，阴阳相割，不疾不徐，却又时刻警示着我们时间在流逝，理性而又不失浪漫。

孔子曰："君子之心，在乎敬畏。"我们的生命原本就是由时间构成，故而敬畏、珍惜时间应当成为人生之要义。恣意挥霍韶华，实际上是对自己生命的凌迟。时光，永远无法定格，过往的生命终会零落成泥。

但是，敬畏时光并不等于因畏惧时间的流逝而将人生过成一场与时光拔河的游戏。梭罗有言："我只是在时间的长河中垂钓"。在这条长河中，你可以在"落花流水春去也"的日子怅然缱绻，在"稻花香里说丰年"的时节悠然陶醉，在"空山新雨后，天气晚来秋"的时光酣然游弋，在"千树万树梨花开"的冬日欣然高歌……珍视韶华，并非匆匆疾行。人生是一场没有回头客的旅程，切莫辜负了稍纵即逝的一路花香。

徜徉韶华，随枝可栖；此心安处，便是故乡。遗憾的是，今天有太多的人迷失在时光的长河之中，急功近利，行色匆匆——而这正与辜负韶华殊途同归。要知道，时光不可逆，与时光比恒久，无异于蚍蜉撼大树。我们的眼睛，本该是惯看秋月春风的灵动的双眸，却被有些人牢牢禁锢在官场上的风起云涌、交易所的红荧绿屏。待到老眼昏花，目光浑浊，方懊悔不已：逝者如斯，多少美景未曾领略。

  时间在流逝，但它不是惊涛骇浪，没有可憎的面容。何妨斟一杯岁月的佳酿，"乐"吾生之须臾，"赏"长江之无穷！人生易老，却也足够漫长。林清玄在《温一壶月光下酒》中说："把青春的温馨装在精致的琉璃盒中，待垂垂老矣再打开，定会暖泪纵横。"这诠释的便是生命岁月中酿出的美好。所以，何须畏惧时间转瞬即逝，细细品味，你会觉出岁月静好！

  余秋雨说："没有锈蚀的文物是虚假的，没有皱纹的祖母是可怕的。还历史以真实，还生命以过程。"我们迈出的每一个脚印，都会使逝去的时间充满质感。时间是永恒的，我们敌不过它的无垠，但上帝也是公平的，他赋予每个人一张白纸，任我们挥斥方遒，任我们丰盈自己的生命。于是，一些充实而伟大的生命成了精神世界的永恒。

  君不见，曹雪芹穷其一生未能将《红楼梦》完篇，高迪设计的巴塞罗那天主教堂在他逝去三个世纪后才竣工……可他们的名字早已镌刻在大地上，永不消泯。

  谁能断言，面对稍纵即逝的时光，我们都不堪一击？

全世界都在为你放哨

卢 玥

十八年前中国还未普及互联网，五年前中国还没有微博，而如今，互联网时代已经到来。现代人的生活，从某种意义上来讲，就是e生活。

"今天，你，上网了吗？"

我想，很少人敢十分肯定而坚决地回答"没有"。的确，随时在增加的手机客户端，随时在更新的电脑终端，随时都可以利用的互联网正一步一步地侵入我们的生活。

感谢互联网，让我毫不费力地就在某网站上淘到了20世纪的好电影。1946年的《美好人生》让我这个少年从真正意义上体会到了不矫揉、不造作、最真实的绝望和希望。

感谢互联网，让我能够轻松直接地表达对远在外地的朋友的思念与牵挂。轻点"视频聊天"，便能看见朋友那阔别许久、既陌生又熟悉的眉眼，心中是忍不住地感慨，"海内存知己，天涯若比邻"，古人那美好的劝勉和期望，最终在互联网时代得以实现。

感谢互联网，让我发现公民的言论自由有了具体表现和切实保障，让我对中国的未来抱有满满的信心。这一点直接反映到我自身。国家在改革进步，社会在自由开放，活跃在如微博等公共空间中的亿万网民在为国家建设出谋划策，我自然也不能拖后腿。

但我渐渐发现身边有越来越多的同学沉迷于互联网，我们的思想正被同化，我也渐渐发现互联网时代也是信息泛滥成灾的时代。"相同的互联网，相同的头条，相同的信息垃圾"造就了无数个和我一样"标准化的阅读器"，我们正变成一个个信息垃圾倾倒的"垃圾桶"。思想混乱，不切实际，浮躁肤浅，正成为许多"90后""00后"的通病，而我们是否想过究竟是什么导致了现在这个局面？

刷新一下微博首页，随着一声清脆的提示音，你会看到"天津塘沽爆炸""泰国曼谷爆炸""麦加朝圣踩踏"等等的重大时事，你还会看到评论中许多千奇百怪的发言。可你还会看到许多不知所云的奇闻逸事。"路怒症""我儿子是国防生"……真的是只有"匪夷所思"一词才能形容当时看新闻时的心情。难怪，有想象力的小说家越来越少了，又有什么情节能比这些新闻更具戏剧性呢？

那么，问题来了，这些新闻，这些有互联网传播的时事，真的和我们有关吗？或者说，我们有必要知道吗？梭罗曾经暗讽那个时代的新闻成瘾者：吃了午饭只睡了半个钟头的午觉，一醒过来抬头就问，"有什么新闻吗？"

好像全人类都在为他放哨。

正如刘瑜在《送你一颗子弹》中笑话的那样："我看《新闻联播》，主要是研究'领导排位学''领导表情学'和'领导作秀学'"。其实许多东西都是和我们日常生活毫不相干的。

我们与其低头玩手机，抬头看电视，与世界抱成一团，不如找本心仪许久却一直被网络拖延而不曾看的好书，沐浴着暖暖的阳光，慵懒地度过周末的上午。或者，戴上耳机，在音乐中放松被网络纷尘所打扰的大脑和心灵，在音乐中寻找自己内心的声音。

我始终相信，e生活会越来越美好，但也要有所得，有所抛弃，这样生活才会更美好。

未雨绸缪的智慧

周紫祎

未雨绸缪的智慧就在于一个"备"字。有了提前的准备，才可满怀信心迎接挑战；有了居安思危的忧患意识，才可安稳地在风雨飘摇的世间守住自己一片江山——有了这一份未雨绸缪的智慧，才可在人生的旅途中，无论遇到多少突发情况都坦然面对，临危不乱。

孟子有言："生于忧患，死于安乐。"这句话描述了一种正确的生存状态，一种身处太平盛世却防备着危难的警觉。遥想2008年5月12日的那场大地震，短短数十秒，却使多少原本坚固的建筑物土崩瓦解，多少亲朋从此天人永隔！而同样是面对这突发灾难，桑枣中学的师生却在不足两分钟内全体撤离校舍，两千两百多名师生无一人伤亡。这不是奇迹，这只是这所中学的校长此前多次指挥全校师生进行紧急疏散演练的结果。为进行疏散演练，他置外界"疯子""神经紧张"的评论于不顾，最终在地震发生时保证了大家的生命安全。在这份未雨绸缪的准备中，在这种居安思危的忧患意识下，天灾又怎引得起人祸？

在最近热播的电影《小时代》中，宫洺有一句值得人深思的台词："我永远都有plan B。"Plan B即计划B——正式计划之外的备用计划。一旦正式计划出现问题，plan B可以随时上场补救，免去了事务搞砸的尴尬。Plan B，不仅仅是一份计划，更是宫洺对人生态度的一种诠释。在这样的精心准备下，无论是突发事件还是意外情况，都会迎刃而解，这就是智慧。

西汉政治家桑弘羊曾说过："有备则制人，无备则制于人。"所以一定要有所准备。《诗经》中曾记载有名为《鸱鸮》的诗，诗中描述了失去孩子的母鸱鸮仍辛勤地筑巢，为了以巢穴抵挡天敌的侵害。试想如果母鸱鸮始终沉浸在丧子的悲痛中，每日思念孩子而不再筑巢，那么天敌再次袭来时又将是一番怎样的景象呢？能在痛苦中理性对待自己的处境，为自己铺好一条后路，勇敢地迎接新生活，这才是真正的智慧。

鸟雀尚且能做到这一点，人又当如何？"临时抱佛脚""临阵磨枪"等一系列俗语成语，都是用来形容打无准备之仗的贬义词，而我们是否曾就其含义反省己身？只有多一份准备，多一条后路，才能确保自己在未来的日子中多一分优雅，多一分从容，多一分成功。这便是未雨绸缪的智慧，这便是最大的意义所在。

我 与 你

孔令恺睿

"人是一棵能思想的苇草",帕斯卡尔这句话形容得极为贴切。思想,能让人意识到自己生命的伟大和渺小。单个生命的脆弱迫使人们以集体的方式生活,而独立的思想又使精神的交流成为必需。人与人之间最初的关系,大抵由此产生。

彼此逐渐亲近,感情似乎就随之愈发亲密、牢固。但在现实生活中,过近的距离却往往容易导致矛盾的产生。人与人之间还应蕴藏着更深奥的智慧,除去亲近,我想,人际间的交往,还需要一种节制。

盛极必衰,艳极则败,过于极致的事物必会走向泯灭。"陋室空堂,当年笏满床;衰草枯杨,曾为歌舞场。"人与人间的关系亦然。如胶似漆,如影随形,不断拉近双方距离才得以维系的情感,往往破灭得最快。纵然是马丁·布伯这般重视人际交往的哲学家,在论证"我与你"时也曾提出:"人无法永远存在于你我不分的'你'之世界。"毕竟,每个人都是一个在肉身上独立的个体,最切实的冷暖只有自己知道,最隐秘的思绪也只有自身才能体会。"

人与人之间的交往,不管多么亲密、多么热情,心中总要有一个宁静的、冷寂的世界,它是完完全全属于自己的。节制所要求的,即是自始至终不丧失自我与他人的界限,不去惊扰,也不让别人惊扰自己这片宁静的天地。这样一种节制,并非所谓看破红尘,一味逃离,而是对对方的珍惜。像菟丝子一样依附于别人，只会失掉自我，整日活在对现存关系的惶惶然而不可完全掌控的痛苦中。

　　我想，自我的节制是对双方的尊重。在这样一种能够彼此尊重的距离下，人才能从中感到轻松、愉悦，才能在某个不经意的时刻，发觉对方更深层的闪光点。如此看来，节制，是一门人生的智慧，是理性与感性的相互制约，从而上升到的一种平衡。

　　在你和我的精神世界中，都有这样一片寒潭，静谧、冷清。水雾弥漫，静静守护着心灵的净土。一个节制的人，即使感知得到它的存在，也不会妄图窥探一二。他是如此深刻地明白：贸然闯入，只会扰乱其原有的宁静，这是对我与你最大的伤害。

为"自由言论"戴上枷锁

范纯洁

人们心安理得地行使国家赋予的言论自由权,甚至以此为刃,散布谣言。近年来,谣言伤人及网络暴力等现象屡屡发生,所谓的法律制约或网络监管反而显得苍白无力,当一个谣言被强制删除或勒令停止传播时,人们反而群起而嘲讽之,叫嚣着被剥夺了言论自由权或某些机构心虚之类。如此,哪怕某日真理还在穿鞋,谣言也早已走遍了半个世界。

在这种病态的环境下,大家或许忘记了卢梭的一句话:"人生而自由,却无所不在枷锁之中。"这个枷锁自然不是靠国家干预能给的,人们只有以人性中的良善为束缚,以道德为枷锁,不姑息散布谣言的行为,提高自身素质方是良计。因此,唯有更大力度地树立公民正确的价值观。若是有一天,有人散播谣言,即刻有千万网民自觉怒而驳之,那必然比国家强制禁止其传播收效更大。

埃德蒙·柏克有一句话:"邪恶盛行的唯一条件,是善良者的沉默。"在网络时代,谣言的传播更是无知者的跟风,有多少人还不明真假便点了"转发",一件事还未证实便被传于泛泛民众。一滴水珠是无法掀起巨浪的,若说传播谣言有罪,那么难以计数的谣言传播者都难逃罪名。

范仲淹说自己"宁鸣而死,不默而生",我只想说,每个人都有说话的权利，前提是在开口之前，你要确定说出的话会比你的沉默更有价值。

曼德拉不觉得蜷缩在黑暗角落里的人懦弱，反而那些习惯了黑暗就为黑暗辩护的人才最不可原谅。在越发病态的社会中，唯有本心不可辜负，别说三人成虎，哪怕是三百人，三百万人，也应坚定自己的价值观不动摇，真与假永远不会在别人的口中。《皇帝的新衣》中所有的人都吹捧着实则赤条条着的皇帝，只有一个小孩儿问出了"为什么他没穿衣服"，这便是最本真的赤子之心啊。

当我们获得更多的言论自由，手握自由权利的我们，不妨改改随波逐流、人云亦云的习惯，保持一颗本心，正直而自律。

宁可一生沉默而凤啼，不愿一世蛙叫扰人息。每个人都应在言论自由的前头加一把锁，唯真理方可开之。

探索者

麻静文

诗曰："修道须应铁石心，利名云水怎超脱。佛仙降世千般苦，皆应慈悲渡凡人。"这是佛的境界，看似朴素的禅心，却蕴含深刻的玄机。人生匆匆几十载，或书画琴棋，或功名利禄，而期间又或喜或悲，或哭或笑，或癫或痴，或清醒或迷茫……世间百态羼杂，如诗间所言的淡泊境地，令人在神往的同时又多少觉得遥不可及。你日益疑惑，同时也开始在与万物的相处中思考着，探索着……

百年干涸的河道，被突如其来的洪水淹没；千年伫立的高山，被一场始料不及的地震震垮；万古干旱的沙漠，却又始终不改其貌。你掉入沉思的泥沼，你惊叹于天地的韵律和造化的机巧。你试图从书本中寻找答案，你看到手中的历史慢慢融化，那感觉像是寒冬腊月温着一壶浊酒，酒的醇香长久沁人心脾。

沿着历史斑驳的痕迹，你读到越王勾践十年卧薪尝胆期间，树有兰草。想那兰草的高雅，也让勾践受到熏陶。然而他最终还是选择三千越甲吞吴，重回王位。不知道会不会想起曾经与兰相处的时日。你读到苏轼"宁可食无肉，不可居无竹""日啖荔枝三百颗，不辞长作岭南人"。看到他也曾为功名所累，奔走于仕途之间，但终究是性情中人，有着把酒问青天的豪迈与洒脱。在竹的高洁风骨里，东坡居士得以体悟人生。你读到王维"行至水穷处，坐看云起时"，钦佩他在田园生活中的淡然心态，想象着他隐居终南山的闲情逸致是何等的超脱，他在晚年无心仕途、专诚奉佛，耄耋之年的他又是达到了怎样的境界？

你读到《西西弗斯的神话》，想象着加缪是怎样在一次又一次的失败中坚持推石上山，他又是怎样从失败中汲取前进的力量。你读迟子建的《额尔古纳河右岸》，想象着雨和雪的女儿一生看过了多少人性的最质朴、最贪婪，那个与世隔绝的群落又是以怎样坚定的信仰和蓬勃的生命力活在与自然最接近的地方。而故事的最后，他们又是怎样被变迁的时代所改变。你读到梭罗的《瓦尔登湖》，想象着那位工匠为了做最完美的权杖是以怎样坚定的毅力永不停息地劳作。

一代又一代的探索者们从未停止追寻，各式各样厚重的生命底色让你有些喘不过气来。你合上书本，走出房间，看见世界像巨大的玻璃帷幕，流动着天空、大地、山峦、草木、动物、河流……你想起安妮宝贝在山中岁月里所说"在接近自然的地方，一个人也更接近他的灵魂"，河流是永恒的，大地是永恒的，万物是永恒的。你想起有位法国诗人说过，人在夜晚和暴风雨的时候时常感到自然的威压。这话听起来很有道理，在毫无抵抗的情况下，人性的渺小和软弱也毫无保留地显露出来。

余秋雨在《行者无疆》中说："走在庞贝废墟间，每一步都牵连着最纯粹的死亡和毁灭，不再羼杂，不再分解，不可躲避，不存侥幸。"你看到，即使是饱经世事的学者，他也依然在行走中体会着生命的深邃。在得到国学大师的启发后，你更加坚定和透彻，你用眼睛透过层层幻象看见本质，你用灵魂穿过世间万物洞察细节。你会遇见未知的自己，听到这个世界辽阔的声音。

云在青天，水自东流。身处尘世，佛的境界也许人类很难达到。我们只能在一次又一次的探索中得到启发，一点儿一点儿地洗掉身上的浊气。因为年轻，更要无惧尘世浊浪，否则与诗的相聚，又是百年。

生命是用来宴飨和绽放的，日益长大，不仅要学着用眼睛观察生活，也要用灵魂眺望梦想。世界的表象与生命的真理厚度相差甚远。就如余华所言，当灵魂具有无孔不入的本领时，内心自然也会变得异常丰富。

你以一个探索者的身份行走于世间，你从浩繁卷帙的书籍中、漫长久远的历史中、万物中汲取前进的力量。你不知道生命有没有极限，你也将永远做一个探索者，继续前行、前行……

真相不该沉默

王丽星

加缪告诉我们："真理在人那里获得生命力，并且展示出来。"而沉默的真相是没有生命力的，自然无法展示其应有的价值。

正如米兰·昆德拉指出的那样，即使人们能做到不说假话，但很多时候，人们会选择用沉默雪藏真相，以沉默剥夺真理的生命力。在这时，沉默绝非美德，沉默是一种罪行，沉默者就是犯罪者。

之前在湖南湘潭发生的一起医疗纠纷用鲜血控诉了沉默者之罪：一位孕妇因当下技术完全无法预防和救治的并发症死亡，家属找上医院，媒体凭空捏造"有关医护人员全体失踪"的谎言，没有人站出来告诉死者家属和公众事情的真相，以至医护人员竟被无端施以暴行。足见有时沉默甚至会成为隐形的刽子手。此时此刻，把握真相者又怎可缄口不言？

愈多真相没有被说，谎言就愈将横行，愚昧因此在人们心头扎根，一切恶行在愚昧者眼中都可以变成理所应当。正是因为看到了这一点，马丁·路德·金急切地告诉世人："最危险的不是坏人的喧嚣，而是好人的沉默！"好人手中紧握的真相，在沉默中失去价值与效力，逐渐腐朽风化，使得世间真理绝迹，坏人的喧嚣畅行无阻。遏制谎言与恶行的最好方法，就是由存真者说出更多真相。

十年"文革"中，学者梁漱溟面对疯狂的人潮与癫狂的个人崇拜，敢于发出不一样的声音，敢于说出所有的真相。在那个年代，正是一批像他一样的知识分子保存了整个社会的一线清明，没有使中国完全沦为愚人的国度。这使我想起《汤姆叔叔的小屋》的作者斯托夫人。她是生长在上流社会的白人，却大胆指出了奴隶制的丑恶。她如是祈祷："上帝帮助我吧，只要我还活着，我一定要把我所知道的都写出来！"她的作品最终引起了广泛的关注，一定程度上推动了美国内战的爆发，而她本人也被林肯誉为"引发了一场大战的小妇人"。她直击要害、不加保留的吐露不正有效抑制了种族歧视与蓄奴主义的扩散吗？人类文明发展过程中那些愚昧的阴云不正是由一些人的开口而逐步消散的吗？

诚然，我们有权保持沉默。但是，当我们手握真相并且意识到沉默之罪后，若是依旧坦然保持沉默，那就无疑是对他人痛苦的极度漠视，也无疑是鼠目寸光之举。当真相还没有大白于天下之时，我们实在不该沉默。

即使我们说的都是真的，但还有很多真的没有说。真话总有一天要被铺展在阳光下，因为真相是时间的女儿。而我们这些掌握真相的人，应当作为时间的执行者——揭开真相，而不是长久地沉默。

莫让复制代替创造

李 倍

中国版凯旋门在华西村，中国版埃菲尔铁塔在杭州，于是，今日对在石家庄市建造中国版狮身人面像的新闻，也就并不感到惊讶了。说起来，它只不过是中国走在复制道路上的一个小小缩影罢了。但若是长久以往，终有一天，你在国土上"周游"了全世界，不会觉得此生无憾，只会内心更加彷徨。

据说中国一帮工程师扮成游客前往奥地利，住了整整四个月，把每栋房子的细节都拍下来，然后，"哈尔施塔特小镇"就搬到了中国，整个世界因此都倒吸一口凉气。因此，俄罗斯《论据与事实》周报评论说，中国经济正是靠"剽窃"他人的创意才得以提升。

这些事件不由得引起我的思考，我们就好比是雪地中刚刚学会走路的孩子，跌跌撞撞，踉踉跄跄，难道前进的唯一方向，就是别人留下的脚印吗？何时开始，我们成了新版的"拿来主义"？

造成这种状况，原因之一是我们"赞成"米兰·昆德拉所说的，真正的生活永远在别处。于是我们总认为别处的风景更美，"拿来"的欲望也就更为迫切。另一个原因，则是对中华文化的不够自信，认为五千年的渊源不过是个冷冰冰的数字，于是盲目复制成了扩容的手段。

近年来，全国多地以发展经济之名擅自修缮文物和改变文物原状，这种"杀鸡取卵"的荒诞之举，加快了文物的消失速度。在此举对经济产生了一定的促进作用的蒙蔽下,很多人对这种以"修缮"为名的文物损毁行为保持赞同的态度,实在令人心寒。想象一下,未来我们的子孙,千里迢迢、满腔爱国热情地去古迹追溯历史,看到的文物都是崭新的,钟能走,桌椅也还硬朗……在这些被复制来的外表中,却再也听不到历史想要诉说的沧桑。我们必须深怀敬畏之心、历史之责,才能让祖先留给我们的珍贵文物在观赏和分享中得到原样的保护,使其历史文化价值得到永续传承。

早在民国时期,胡适先生就写过一篇《差不多先生》,讽喻中国人稀里糊涂的生活态度,多么遗憾,这篇文章仍在讽喻今天。稀里糊涂地艳羡他人,稀里糊涂地一味复制,试图把五千年变得更大更辽阔。

所罗门说得好:"吃素菜,彼此相爱,强如吃肥牛,彼此相恨。"我们何必在文化迅速萎缩的当下,拿"复制"这个敏感词汇去戳痛世界的伤口呢?

"临渊羡鱼,不如退而结网。"我们还是应该带着审判的眼光,选择理智的方式,去守护文化的传承,莫让复制代替创造。

妥协为盾，坚守是矛

陈译凡

面对他人的侮辱，相信大多数的人都会选择快意恩仇针锋相对，妥协好像已经成为公认的一种有失尊严的做法。然而，受胯下之辱的韩信给我们上了生动的一课。

在追逐理想的道路上，韩信被一帮好事少年阻拦，这些"小混混"以胯下之辱向他发出挑衅。是奋起反击，还是忍气吞声？自己的理想还在远方，为一时的快意而与一群连生命都不当回事的挑衅者一争高下实在没有意义，所以韩信选择了妥协。这种妥协不是懦弱，是一种大智慧。更难能可贵的是，他在妥协之余，没有一蹶不振，而是始终坚守自己的理想。正是这般豁达的心胸成就了他，使之成为一代名将。

妥协并不代表失败，有时反而是通向成功的最佳路径。越王卧薪尝胆，最终三千越甲吞吴。面对兵败国破的惨痛现实，越王勾践选择向吴王夫差妥协，自愿赴吴为奴。穿粗衣，吃劣粮，甚至为吴王尝粪……这样的屈辱，很少有人能够坚持下来，但是勾践做到了。不仅如此，他还卧薪尝胆，砥砺意志，最终在吴越之战中，大败吴军，一雪前耻。显而易见，勾践的妥协乃是一种迂回战术，是通向成功的有力途径。

与勾践形成鲜明对比的是"力拔山兮气盖世"的楚霸王项羽。在垓下大败溃逃至乌江时，项羽坚守自己所谓的气节，自认为愧对江东父老，自刎乌江。但正如杜牧诗中所慨叹的那样——"江东子弟多才俊，卷土重来未可知"！项羽坚守着他的信仰，却不知道妥协并非与坚守完全对立，他不曾意识到坚守与妥协有时乃是相辅相成的。只有像勾践那样，懂得坚守与妥协，才能在绝境中力挽狂澜。

  面对强盛的敌军，晋文公选择了妥协，退避三舍，避敌锋芒，然后出其不意，遂成一代霸主；面对惨淡的人生，司马迁选择了妥协，最终完成了《史记》；甚至日本向大唐派出遣唐使、留学生也可以看作是日本人的一种妥协，面对强敌，暂且隐忍，学习对方长处，强大自身力量，最终成为世界强国……这些事例无一不在明示我们：适度妥协正是助力成功的一种手段。

  老子说："水善利万物而不争，处众人之所恶，故几于道。"正是水"不争"的妥协，"利万物"的坚守，才使它处于道的最高境界——"上善"。所以以妥协为盾，用坚守为矛，我们才更容易在人生的困境中拼出属于自己的一片天空。

心灵鸡汤能带给我们什么

黄静怡

心灵鸡汤，是充满温暖、正能量的小天使，在你欣喜跳跃之时再给你多补充些能量，让你跳到飞起来；在你悲伤之时给你打一治愈针，于是满血复活。总的来说，心灵鸡汤喝一喝，益身心健康，但不宜依赖。

我们走在人生大道上，遇到过形形色色的人，也别离过曾经很重要的人，最终，大都抵不过时光，分道扬镳，于是说着"你若安好，便是晴天"。我们活在这世上，没考上理想大学，没找到自己喜欢的工作，于是可以告诉自己是打不死的小强，自己可以更加努力，可以从头再来，实在不行告诉自己随遇而安。人生不如意事，十之八九。但"你的负担将会成为你的太阳，照亮你来时的路"。心灵鸡汤总会给我们莫大的安慰，即使事实是不如意的。它教会我们一种在漫长的黑夜中等到黎明，在一望无际的沙漠中寻到绿洲的能力。它教会我们在不如意的时候找点儿希望来照亮自己。"若没人愿陪你颠沛流离，愿自己成为自己的小太阳"，它教会我们自愈的能力。没人治愈自己，只能自己治愈自己了，这时我们可以不需要他人的帮助，自己帮助自己，不麻烦他人，自己走出低谷。不过遇坎儿时，大概也没人能帮谁，都要自己咬着牙挺过去，走着走着就过去了。

但心灵鸡汤不易依赖。有时它太过理想化，不切实际。安慰可以有，但适可而止，就当出血时用的酒精就算了。你和朋友还能在一起时，说着"时光不老，我们不散"，但最终没有几个能走到最后。你说，人活着就像活在梦里面，迷迷糊糊地就过去了。随遇而安吧，可这反倒是一种消极逃避现实问题的一种举措。人生如梦，梦幻泡影，但人生实实在在地存在着，你实实在在地活着，真别迷糊地就过了！

　　鲁迅不就是为了唤醒国人的愚昧无知才弃医从文，写出《狂人日记》《孔乙己》等诸多的文章吗？要像胡赛尼所说的"睁大眼睛，鼓起勇气，迈步向前"。不要以为闭着眼睛就能碰不到大风大浪了。碰到困难时，可以喝点儿鸡汤安慰自己，但适可而止，喝完就站起来，别再沉浸在鸡汤的美味中了。

　　心灵鸡汤教会我们自愈的能力，有时却给人不切实际的感受。所以需要的时候喝一些就够了，不宜依赖。

皱　　痕

旺逸薇

　　无聊时常常会去挤压手背上的肉，两个手指轻轻往中间一挤，便显出几条难看的皱痕。松开手指后，皱痕不见了，却多了几条红红的纹路，像是印记，需要很久才会消散。

　　于是在想，手背上的皱痕消失得很快，那么心头上的呢？那些无谓地挤压在我们心头留下的一道道皱痕，需要用多少时间才可以让它们褪去。或者，也许永远不会褪去。

　　公车挤，挤掉了心头的温情，挤走了人与人之间的宽容。每个人都铆足了劲，使出吃奶的力气往上挤。没挤上车的心有不甘，抓住车门继续挤；挤上车的又一心盼望车门快点儿关上，好让自己不再那么挤。于是在挤的过程中，心中的皱痕愈来愈多，滋生成小沟，掩埋了我们的温情与宽容。

　　升学挤，挤掉了青春，挤掉了活力，挤掉了五彩斑斓的生活。四五岁的孩子奶声奶气地说"我要上最好的小学"，小学生埋头苦读，初中生、高中生，哪一个不是如此？小学毕业考，中考，高考，在一次次的"过桥"大业中力图挤掉愈来愈多的人，好更好地保全自己，却在无数次的挤压中丧失了快乐，丧失了本该拥有的韶华。小沟变成了大沟，吞噬了快乐。

　　我们总是美其名曰，为自己找无数的借口：中国人多，就业压力大，社会竞争激烈。"吃得苦中苦，方为人上人。"却总是刻意忽略了那一份闲适的风景。我们一直都忙，无论是主动，抑或是被动地随着人流往前挤，都忘记了驻足去收获一份恬淡，去弥补那因为过度的挤压而衍生的丑陋皱痕。

放慢你的脚步吧！金钱、名利或许可以再次取得，但心头的皱痕却是无法愈合的伤。若是一再地挤压，或许有一天，小小的皱痕会演变成深深的沟壑，掩盖了一切，吞噬了一切。而那，是我们无论如何也寻不回的一切。

那是一道围墙，却是比钱锺书笔下的围墙更坚硬的围墙。外面的人拼了命想挤进去，而里面的人啊，当你们幡然醒悟，却已经无法出来了。

我们需要前进，但我们更需要驻足。尼采说："自从我厌倦了寻找，我便学会了找到。"那么，就请在这纷乱的社会中，邂逅一份属于自己的风景。

放慢脚步，拈花驻足，自有别样风景。

坚有度　柔有道

　　坚如磐石，无所转移；柔似蒲苇，其纫如丝。每个人心中都有些坚硬的东西，无坚不摧，一往无前；每个人心中也都有一些柔软的东西，柔似水，软如雪，百转柔肠。坚有度，柔有道，自我才能和谐，人生才能成功。

死亡引发的思考

——读《相约星期二》

张迎桢

死亡是什么？恐惧、挣扎？抑或是释然、解脱？

曾经也对"死亡"抱有极大的幻想。小时候，看着电视里的人去世了，或者什么远方的亲戚去世了，周围总是布满了哀叹与泪水。那时候明白，死亡是个让人伤心的东西。稍稍长大点儿，听说外公生病了，我的眼泪夺眶而出，我知道，死亡是个可怕的东西。而现在，虽然也会哭，但对死亡有了另一种诠释。那是在读了《相约星期二》之后。

这位叫作莫里的社会心理学教授，在七十多岁时患上了一种叫作ALS的病。这种病从腿部神经麻痹开始，一点点地向上蔓延，直至使人不能再呼吸为止。这是一种残酷的绝症——灵魂将眼睁睁地看着躯体一点点死去。但莫里决定带着尊严、勇气、幽默和平静活下去。他和他十六年前的学生，已经成为专栏作家、记者的米奇相约，每个星期二见一面，一起讨论"生活的意义"，包括"死亡、恐惧、衰老、欲望、婚姻、家庭、社会、原谅、有意义的人生"这些重要的课题。从第一次相约到最后一次见面，这样的讨论持续了十四个星期。

临终前，老人并没有什么微言大义的话，只是简简单单的两句话：人生最重要的是学会如何施爱于人，并去接受爱；要有同情心，要有责任感。只要我们学会了这两点，这个世界就会美好得多。

或许是吧，当病魔无情地吞噬着这样一位视生命淡泊却对周围充满着爱的老人的时候，当死神无情地想掐灭这根微弱的灯丝的时候，老人选择用谈笑风生、用乐观的态度走完人生的最后旅途。"接受你所能接受和你所不能接受的现实""承认过去，不要否认它或抛弃它""学会原谅自己和原谅别人""生活中永远别说太迟"。在死亡阴影下他写下了对生活的思考，只字片语。

在这里，我不得不佩服老人对生活的态度，而对于我们，真的要等到接近死亡的时候才来感悟人生吗？既然有一位老人用自己的生命书写下生命感悟，我们又何不就此开始实践，开始反省呢？

走在十七岁的末端的我们，体验着生活带来的酸甜苦辣，探索着前人探索过和未曾探索的道路，寄托着从未有过的嘱咐和希望，肩负着建设21世纪的重任，出生于20世纪末的我们，是否也总是叹喟时间的无情、命运的不公？我们也总是对许多事情充满了排斥与抱怨。有人挥霍青春，有人践踏生命，有人眼里充满的永远是烦恼苦闷、尔虞我诈、钩心斗角……似乎这些早已充斥着整个社会。

不要把自己看轻，生命的主宰者永远都是自己。当我们被生活的压力压得喘不过气来时，当我们置身于朦胧地带而摸不清方向时，当我们逃不出物欲横流的迷幻世界时……还有什么能比死亡让人看得更加清晰透彻呢？死亡是什么？死亡是真相，突破虚假繁荣，突然明白，别人怎么看你，或者你自己如何探测生活，都不重要。重要的是你必须要用一种真实的方式，度过在手指缝之间如雨水一样无法停止下落的时间。你要知道自己将会如何生活，这是安妮在《莲花》里的话。

我不懂得死亡究竟意味着什么，是人生的终结还是另一段人生的开始？或许现在的我也没有资格来谈论死亡，毕竟它离我实在太遥远，只是，我们应该从现在开始，要好好地生活，懂得关心身边爱你的人和你爱的人，懂得付出，懂得负责，懂得体谅，懂得努力……

境界，让死亡充满韵味。

死亡，让人生归于纯净。

灵魂的距离

——读钱锺书的《窗》

陈宵菁

钱老这样写道："窗可以算房屋的眼睛。"我读了不禁有些迷茫，捉摸不透其中的深意，只觉得这个比喻前所未闻，陌生得很。回忆所经历过的日子，每天都置身于屋子中，看着缕缕的光线透过澄澈的玻璃从一扇扇的窗子中密密地斜射进来，带来了光亮。我们都认为这是一种理所当然，仿佛这就是生活的一部分，自然的一部分。

在贪婪地享受这份明亮的时候，没有人会去想为什么会有窗子，因为我们都只是生命的过客。我们每天都在忙忙碌碌中度日，现实的压力让我们很少有机会静下心来思考生活中的点滴。屋子对我们来说只是一种身体的需要，于是诸如"窗子是什么"的问题便交给了学者、哲学家们去研究。我们所做的便是在他们有了自己的看法以后去感受一下，略略地停留一下，然后便又继续自己的旅程，生活始终在我们的外面。或许这是一种悲哀，但有时我们也不得不承认这是现实生活里的一种状态。

带着钱老的理解，我再次触摸屋子的轮廓。静静地坐在沙发上，拿着一杯淡淡的清茶，对着窗子整整地看了一个下午，也思索了一下午。我不能说我读懂了什么，但是在这么一瞬我觉得自己真正地走进了人生，融入了生活，那是一种很纯净很清澈的时刻，没有杂质，没有干扰，就只一人对窗凝望。我所感受到的不只是光亮，也不只是太阳所给予的温暖，而是一种与自然共鸣的触动。透过玻璃，我触摸到的是一份感觉、一份清爽。原来我们一直都是这样靠近，只是我们每天低着头行走而错过了对方，错过了就在身边的美好。我豁然开朗了，觉得钱老的话多多少少有这么些意味了……

人们常说"眼睛是心灵的窗户"，若要读懂一个人，那么你得看他的眼睛，走进去了解深色的瞳孔后面所蕴藏的秘密，因为什么都有可能是假的——嘴巴可以用谎言来迷惑你的想法，面容可以用虚伪来蒙蔽你的思想，心脏可以用黑色来让你变得污浊，但是眼睛不可以，在你直视它的时候它就只能赤裸裸地暴露在你的目光下，或明亮纯洁，或污浊不堪，都能从中读出来。而透过窗户，你同样也能直勾勾地审视自然，看到这浑然天成的神奇，心头一阵感动，哪怕是再烦的事也都抛之脑后了。大概只有窗子的这份美丽才能让我们得到这种诗意吧！

门对于一间屋子来说是必不可少的，我们需要它来进出，那么窗子呢？

试想一下，一间屋子只有门而没有窗子，那么我们生活在里面会是怎样一副情状呢？且不从人的精神需要去谈，若房屋里没有窗子，那将会是漆黑的一片，所有的光线都与你绝缘，仿佛置身于地窖一般，想必恐惧是顿上心头吧。从更深意义上说，没有了窗户这个媒介，我们又怎样去捕获自然灵动美丽的片刻，来慰藉自己受伤的心灵呢？正如钱老所说的一样，"春天是该镶嵌在窗子里看的"，没有窗子，跑到大街上站在那儿去感受，你只会感觉一片凄凉，天大地大自己好像是沧海一粟，微不足道，这份惆怅就连一向旷达乐观的苏东坡也排遣不了，那么相信世上也就没有几人能够放下了。就好像满园春色打开门跑出去看不就不美了吗？因为你会感到鸟叫闹哄哄，阳光刺眼闹腾，春风料峭寒冷，或许这就是人的心境吧！

距离产生美，讲述的大概就是这份感觉吧！有时候彼此黏得太近，反而会令人产生一种厌恶感，使大家都觉得拘束。而透过窗户，我们看到的虽只是一个局部的世界，却因为透过了一层薄薄的玻璃而变得格外美好，仿佛已将自然的美景全纳入了囊中，这是一种神秘的快乐，只是我们无暇体会，就算是看到了，也只是匆匆一瞥，转而便又埋头于那些琐碎之中了，我们确乎替所处的现实感到悲哀。窗子——屋子的灵魂，我们却总是肯定它存在的必然性而忽略了它的作用，让它孤单地成为一种摆设！

  一幅再美的画卷，失去了画框也只是空洞；一间再美的屋子，没有了窗户也只是黑暗。如果门不能少，那么窗子一定更不可或缺。请记得，窗子是屋子的灵魂，透过窗子我们看到的不只是一份精彩，而是整个世界的灵动，将双眸的印迹刻在透明的玻璃上，我们得到的是距离的神秘。我想：透过钱老的文字去轻抚其心灵的纹路，必是斑斑驳驳的，只因他曾真正走进过屋子，走进过生活，他懂得当灵魂与灵魂强烈碰撞的时候激荡出的闪亮火花。

  难道我们要做一辈子人生的过客吗？不，且学会当你记起还有这么一刹那的时候，透过窗户去看看世界、看看人生，似有若无的距离感带给我们的不只是一份感动，更是一份牵挂，让我们更加靠近世界的边缘，生命的中心。窗子好比眼睛，我们读懂了一句话"距离产生美"，透过灵魂去享受简单人生吧，你会发现许多东西就在手心里紧紧握着，虽然不曾触摸……

世界的那缕炊烟

——读《迟子建散文》有感

张 蕾

世界的景色在每个人眼中都是不同的,而北极村这一特殊的生长环境无疑给迟子建带来了观景、观物的不同感受。幼年时北极村的那缕暮色中的炊烟仿佛一直萦绕在她的心头,萦绕在她的作品中。

迟子建的散文作品大体上可以分为三类,一类主要写她在故乡北极村的生活,以回忆的视角写过去的生活,把故乡中淳朴的劳动人民的形象刻画得生动具象。第二类则是着眼于自己在日常生活中的经历,由一些细微的小事着眼,阐发自己对事物独特的见解。在这一类文字中,女性作家所突出的细腻情感与她本身的思想高度巧妙结合,引发读者的思考。在最后一类文章中,作者主要写了自己游访各地的见闻、心得。

在第一类文章中,迟子建总能把童年的往事讲述得生动可感,让人心生向往。也许是回忆有美化往事的力量,她笔下的农民也许有几分笨拙无知却总是可爱的,她笔下的趣事也许有几分幼稚却是让人想去了解的。如《蚊烟中的往事》一文中,具体写的是做酱、吃酱的事,听来也颇为普通。但当作者用孩子的视角加以叙述时就增加了几分童趣。"你愿意在河边多流连一刻,看着浸在水中的柔软的云,是没人知道的;你愿意在山间偷偷地采一些浆果来吃,大人们依然是不知道的;反正有那么几种野菜横在篮子中,你就可以理直气壮地踏入家门",这些话听着很孩子气，却让笔下的情景令人憧憬起来。

回想自己的儿时虽然没有出外采摘野菜的经历，却也有过许多充满童趣的往事。也许在那时的大人看来是令人哭笑不得的，但在现在已经长大了的我的眼中却是美好而令人留恋的，是仅属于自己的美好经历。而迟子建将这些经历和其他的大人一起分享，大概也是想提醒他们不要泯灭童心吧。

而北极村的那缕炊烟也影响着迟子建以后对事物的认知，一直保持着自然、纯朴的态度，这主要体现她的第二类作品中。在《我的梦开始的地方》一文中她如是说道："当我童年在北极村生活的时候，因为不知道'山外有山，天外有天'，我认定世界就北极村这么大。当我成年以后到过了许多地方，见到了更多的人和更绚丽的风景之后，我回过头来一想，世界其实还是那么大，它只是一个小小的北极村。"

的确，我们在长大，心中的世界也在长大，只是身体和心一样，总是恋旧，那旧日的情感、记忆便也混进了这个世界，现实与回忆都稍作停留，回到了最初开始的那个地方。那里，对于作者而言，是一个小小的北极村；而于我，是"草长莺飞二月天"的江南，是温软的一池春水。

迟子建的文集中还有许多优美的抑或是发人深思的文章，但对我而言，最打动人的是她在描述故乡时语气里不自觉的依赖、留恋、自豪，如同孩子炫耀他们最宝贝的玩具。也许我们在人生前行的道路上会遭受很多挫折，但不管何时，一直牵引着我们的一定是那缕炊烟，是永远不断的梦中的炊烟。

孰疯孰真

——《第六病室》读后感

赵 越

在脏乱不堪的精神病房即第六病房中，住着五位困苦无依的"疯子"，在泛出阿臭霉味的医院里，监禁在令人想到强权者的愚蠢和残酷的铁窗中。

月光下，见到那位我最欣赏的名为伊凡·德米特里·格罗莫夫的有妄想症的患者。

他的话又乱又急，像是梦呓。他的谈话，他的声调，都让人感觉到一种异常优美的东西。当时的人称他为"疯子"，可恰恰是这样的疯子，考虑着人的卑鄙，考虑到践踏真理的暴力，考虑到人世间未来的美好生活。他的话成了一支杂乱无章的集成曲，不，是交响曲，充满激情的交响乐，虽是经常老调重弹，却似乎永远也没有唱完。

他被社会称为疯子，却考虑着最为深刻的社会问题。他是疯子，却能以自己的美德感染身边的病友，使矮小老头莫谢伊卡也变得乐于助人，愿意给同伴们端水、盖被子、送礼物，无所谓信仰，只是受了他旁边的伙伴伊凡的影响，出于模仿的心态而已，可见他的感染力。他对所有人体贴周到、彬彬有礼的行为比任何所谓的贵族要高尚和真诚得多，他有礼的对象仅是他那可能一辈子也不会出去的病友，却始终如一。他对黑暗势力敢于反抗、直言不讳，他充满着热情、智慧和理性。但总因此，他怀着妄想症，总担心有警察便装来抓捕他。这一切仅是因为那黑暗的社会，被人诬陷、被审判长误判而坐牢的事屡见不鲜。老百姓"谁也不能保证不讨饭、不坐牢"。只是因为想到社会把一切暴力视为明智、合理的必要手段，百姓只能是只谈公正。自此给可怜的伊凡脑中蒙上了一层阴影，慢慢演化成了现在的病。可他的思想并没有错，他正是这个世界的受害者，又进了那个泯灭人性的庸才组成的医院，只能让他的病情不断恶化，步入无尽的深渊。

这真是疯狂，伊凡是如此具有明智、犀利的眼光与思想，在暗无天日的第六病房中度过33岁以后的年华。他是那么真，却被虚伪的人称为疯，被黑暗的社会强制为精神病人。孰真孰疯？

更令人瞠目结舌的是医生安德烈·叶菲梅奇。他聪慧、正直，但迫于压力，他没有毅力，也缺乏信心来建立一种合理的正直的生活。但他对这个国家对这个社会是不满足的。终于他遇到了极有思想的伊凡，并深为赏识他。他们在第六病房中交流思想，谈天说地，于是出现了医生在第六病房一待就是几个小时也变疯的流言，可怜的老医生安德烈也被嫉妒他职位的下属、他迂腐的朋友送进了第六病房。

反抗，反抗又有什么用呢？最终安德烈在第六病房中病死，被人逼死了，被渴望自由的心杀死了，被万恶的社会杀死。认为智慧是不可替代的快乐而睿智的人啊，竟反被人们认为是疯子，他们的思想如此纯真，敢说敢做，是正直、纯真的人才有的品质。

这是契诃夫到政治犯人流放地库页岛考察后，创作出表现重大社会课题的作品之一。这部猛烈抨击沙皇专制暴政的作品使列宁阅读后都受到很大震动。对我，更是产生了心灵上的极大悸动。

在社会的巨大压力下，真、善、美的人往往会被流言、舆论的力量所压倒，但正因此需要我们去奋斗，去坚持真的人格与品质，告别虚伪，告别伪善。孰真孰傻，一切，可能需要时间去沉淀，需要历史去证明。

坚强的心

——读《造心》有感

章逸欣

心，一个有时脆弱得好似玻璃、有时坚硬得又好像钢铁的奇特物体。从来没有人可以给心一个完美的定义。不过，它的确是人的身体中最为重要的部件之一。一个喜爱帮助别人的人被称为热心肠，而拾金不昧的人也往往被称为好心人。不错，心在一定程度上决定了人的品格。一个人的个性品质性格全由它来决定。

由此可见，心又何其重要。而毕淑敏的《造心》也使我对心有了一个全新的认识，一个在全新基础上建立起来的认识。原来，心可以这样造，或许就是我读罢该文后最深的一个感触。文章从心的各个方面入手，对造心进行了完整而又系统的分析，同时对各种各样的心进行了介绍。本文多次使用排比，使文章句式整齐，具有音韵美，给人以极深刻的印象。一些有趣而又形象的比喻，也往往带给了我们些许反思。譬如从造心的材料来看，作者将心的材料分为了钢铁、冰雪、玻璃、木头、垃圾和谎言。不得不承认作者深厚的文学功底所孕育出的一个个精辟而又独到的词语，那些词让我对心有了新的领悟。

这个社会上不乏用垃圾造的心与用谎言造的心，那些心是黑暗的，缺乏理智和情感的，所以它们当然是心界的败类。可是这个社会更多的是用木头造的心，习惯了安逸稳定的生活，习惯了朝九晚五的作息,城市中的人早已忘记了如何去呼吸自由的空气,如何在规律的生活中找到自己的乐趣。于是,城市的空气逐渐浑浊了,与此同时,人的心也浑浊了。一个个麻木的人在都市行走,过着行尸走肉的生活,这样的心难道就是我们的心吗?不,不是。我们应该青春而充满朝气,聪慧而不失活力。我们的心不应该由木头来创造,水晶才是它的原材料。

《造心》中有这样一段话:"优等的心,不必华丽,但必须坚固。"是的,不错。人生有太多坎坷与挫折,太多的风雨和荆棘,如果没有一颗坚固的心,那要凭什么来面对人生路上的那么多艰难呢?一颗软弱的心,只要小小的一次打击就足以压垮它,一阵轻轻的微风就可以吹倒它,一句不经意的伤人话语就足以打倒它。这不是我们所要的心,对吗?

相信未来再大的风浪,只要保持一颗坚固的心,就会一直破浪而行;相信明天再多的流言,只要保持一颗水晶的心,就会一直无畏而行。相信明天,相信未来,相信我们的心,青春的我们无畏而快乐,正如《造心》中所说:"一颗美好的心,即使巨轮沉没,它的颗粒也会在风浪中,无畏而快乐地燃烧。"

愿青春的我们永怀一颗坚强的心,在人生的海洋中乘风破浪,无畏前行。

叫乌鸦的少年

——读《海边的卡夫卡》

许 策

"地球持续不断地旋转，而人们都活在梦中。"

我是说，这句话颇有"众人皆醉我独醒"的味道，而那个醒着的人就是村上春树。初中同学A是一个"小说控"，每每见他对着小说顶礼膜拜之时，我未免也动了心。第一次借到村上春树的书叫《且听风吟》（很多人以为这是一首歌，而不知有其书）。这本书出版于20世纪70年代，是作者的处女作，也是成名作，三十年前的文笔不觉沧桑，现代感却深厚。我用了一天时间看完这本书。一个艺术家最大的悲哀在于他成名后再无杰出作品，而他不是，他滔滔不绝，佳作不断，《挪威的森林》是他的巅峰，同甲壳虫乐队那首同名歌曲一样，是经典中的经典。这本书较厚，我花了三天看完。是的，我的初中相当轻松，时间充足，但重点不在这，我是说，当我手上捏着购书券时，我要为我的寒假所要看的书做出决定，这本，那本，或是书架上的什么，只有一点是可以肯定的，那就是，我是向着"村上朝日堂"而来的，犹豫很久，视线在《挪威的森林》上游走几番，最终我却买下了《海边的卡夫卡》。

"卡夫卡"在捷克语中，即为乌鸦。在日本，乌鸦被视为神鸟。"某种情况下，命运这东西类似不断改变方向的局部沙尘暴。"叫乌鸦的少年对我这样诉说。

某种情况下，命运这东西类似不断改变的局部沙尘暴。你变换脚步力图避开它，不料沙尘暴就像配合你似的同样变换脚步。你再次变换脚步，沙尘暴仍同样变换——如此无数次周而复始，恰如黎明前同死神一起跳不吉利的舞蹈。这是因为，沙尘暴不是来自远处什么不相关的地方。就是说，那家伙就是你本身，是你本身中的什么。所以，你所能做的不外乎就是乖乖地径直跨入那片沙尘暴之中，紧紧捂住眼睛耳朵以免沙尘进入，一步一步从中穿过。那里没有太阳，没有月亮，没有方向，有时甚至没有时间，唯有碎骨般的细沙在高空中盘旋——你可以想象那样的沙尘暴。

我在想象那样的沙尘暴。白色的龙卷风浑如粗硕的缆绳直挺挺拔地而起，向高空伸展。我用双手紧紧捂住眼睛耳朵以免细沙进入身体。沙尘暴向我步步逼近，我可以间接感受到风压，它即将把我吞噬。

然而，这沙尘暴仅仅是意义上的，是形而上的，象征性的，有实质却又幻灭虚无，阅读的真谛即是为之用，联系生活。常有的困难之处大都是形而上的，不乏象征性的，同沙尘暴一样，将"如千万把剃须刀锋利地割裂你的血肉之躯"——书中的隐喻大即如此。有一点是十分清楚的，从"沙尘暴"中逃生的你已不再是跨入沙尘暴时的你。是的，这就是所谓沙尘暴的含义。

卡夫卡者，乌鸦也，主角田村卡夫卡，这即书中又一层隐喻。巧的是奥地利有一位作家就叫弗兰茨·卡夫卡。他的作品以荒诞为名，而《海边的卡夫卡》同样具有其荒诞性。猫讲人语，鱼从天降，识字者不看书，看书者不识字，无缘由的集体催眠……人的精神与心智便在这无比矛盾、离奇和复杂之中不断蜕变、伸张、成长，如上文所说的"沙尘暴"，此即书中第二层隐喻。

总之，乌鸦、卡夫卡与《海边的卡夫卡》之间似乎有一条若无若有的游丝。循此可见其深层结构，也正是作者的灵魂结构，理性与感性的交合体，点点渗透着东方文化的魅力性。此书虽是译文，从文字张力看，却不逊色，文中有大量诗歌、俚语，日本文化的渗入大大加深了译者的难度。归此，感谢此书译者——林少华，我们得以如此完美地赏读此书。

文章的脉络在于文中一首诗，同名诗歌，文中隐喻皆出于此，权作结尾：

你在世界边缘的时候，
我在死去的火山口
站在门后面的
是失去了文字的话语
睡着时月光照在门后
空中掉下小鱼
窗外的士兵们
把一颗心绷紧

（副歌）
海边椅子上坐着卡夫卡
想着驱动世界的钟摆
当心扉关闭的时候
无处可去的斯芬克斯
把身影化为利剑
刺穿你的梦
溺水少女的手指
探摸入口的石头
张开蓝色的裙裾
注视海边的卡夫卡

我读《品三国》

古劲龙

我迷上或者说关注《百家讲坛》，是从易中天开始的。易中天站在讲台上，三千年的往事流水，历代帝国的惆怅，三国的风风雨雨，茶油烟酒的典故，中国男女的趣事，大江南北的城市，南北方人的差异……娓娓道来，让你喜不胜收，让你惊叹中华文化竟然可以如此品读。

在轻松愉快的气氛中，易教授开讲了：话说东汉末年……

于是有飘逸潇洒的儒将风度的周瑜徐徐走来，让苏轼赞叹不已，直作"羽扇纶巾，谈笑间，樯橹灰飞烟灭"。在大家的印象中，长期根深蒂固的"奸雄"形象曹操，开始在易教授的点拨下得到正名。其过人的文采才华和卓越的军事能力越来越被大家所认识。惊喜之余，人们对三国这一人才辈出的时代的重要人物有了新的认识，有了更深刻的了解。

我喜欢易中天的诙谐机灵，还有他那既高深又严密的评论。他不信《三国演义》里的故事，因为小说家的言论往往最不可靠。为了还原历史的真相，他考证《三国志》《魏略》等正史书，再加上自己有条理的科学推理和综合分析，得到了可能的最佳解释。这一点确实难能可贵，因为要做到用纯粹的历史唯物主义来解释历史现象非常不容易。

为此，易中天抛弃了"状诸葛多智而近妖"的孔明，"状刘备多善而近伪"的刘玄德；抛弃了只会奸诈狡黠的曹孟德的世论；抛弃了因小气而死的周公瑾；抛弃了只凭成败论英雄的偏执观点。

另外，易中天对"色厉胆薄，好谋无断；干大事而惜身，见小利而忘命"的袁绍，"外宽内忌，好谋无决，有才而不能用，闻善而不能纳"的刘表，"扶不起""乐不思蜀"的刘禅等三国中常认为是失败者的人物也做出了客观的评价。

最后点明了深层次奥妙：三分归晋并不是魏、蜀、吴的无能，而是同为寒士阶级出身，靠武力打天下的他们，并不符合士族阶层当政这一历史潮流。蜀坚持，所以先亡。魏放弃，出了"九品中正制"，还是亡了。吴妥协，任用了大量江东士族，但后来又赶尽杀绝，迟些也灭亡了。这个由士族地主阶级——也就是世代读书，垄断官阶，如"四世三公"之类的群体参与并控制政治的历史趋势，不是曹操、刘备等一时的英雄俊杰能改变得了的。

读易中天，历史的迷雾被揭开，历史真相的秘盒被打开，历史的本质被还原。被点醒释怀兴尽之余，我们又多了一个了解历史的角度，而且领悟更加深刻了。

读易中天，我们可以遨游波澜起伏的三国历史，感受传统文化的历史内涵，品味潮起潮落的沧桑情怀。冲一杯淡茶，闻着清香，翻开一卷，尽情地享受这与中华传统文化的奇遇之旅吧！

飞鸽的早晨
——读《情深，万象皆深》有感

谢旭珩

读林清玄先生写的《情深，万象皆深》，每一个小故事中字里行间折射出的情感，都能引起我心中的共鸣，其中最让我触动的，是那篇关于飞鸽的故事。

文章用第三人称讲述了一个小男孩儿和哥哥在山间捕鸟的故事，书中设计得极其巧妙的是他用插叙的手法穿插讲述了南京大屠杀中的情节。二者在文中的呼应对比，从无尽广阔的自然，到现实社会的人情世故；从微不足道的弱小生命，到惨遭劫难的平民百姓；从无知孩童的无心之举，到有心军官的残暴屠戮；再从良知的善意救赎，到对敌国的博大悲悯。无论是用怎样的方式犯下的罪恶，林清玄先生都以这种平淡无奇却充满力量的文字向我们诠释——何为宽容与平等。

1937年12月13日，残暴的日本兵大举入侵南京城，三十万的中国老百姓，包括妇女和孩子，都未能逃脱日寇沾满鲜血的罪恶双手，惨死在血泊中。回顾历史，即便几十年过去了，南京大屠杀留给后人的震惊、悲痛和愤怒却丝毫没有因时间长河千遍万遍地冲刷而有所褪色。那片被鲜血浸红的土地，对当时的中国来说仅是冰山一角，日寇对近代中国所犯下的残酷骇人的恶行，那个烽火悲歌的年代给当代人心理的重创，岂是生活在和平年代的我们能体会得到的？

所以，这样深的仇恨，又怎样去原谅？

文中小男孩儿的父亲生活在中华民国晚期，十七岁，他被迫加入"台湾总督勤行报国青年队"，跟着日军过着牛马不如的生活，抗战胜利日军投降后，父亲也跟着一起投降了，而实为台湾籍日本兵的父亲，却被以"日籍台湾兵"的身份遣送回台湾。在我们看来，那些曾参与这场屠戮的人们，都该接受以命偿命的惩罚，父亲受到的结果未免太过草率和不负责。然而，从另一个角度看，"我们并不要报复，更不可对敌国无辜人民加以侮辱，我们只有对他们被纳粹军阀所愚弄所驱迫而表示怜悯，使他们能自拔于错误与罪恶。"文中的历史老师这样说，"如果以暴行答复敌人以前的暴行，以侮辱来答复他们以前错误的优越感，则冤冤相报，永无终止，终不是我们的目的。"

这是多么了不起的宽恕和包容！

面对这样大的仇恨，中国选择了用宽容以求和平。生命是不可取代的，不管生命用什么面目呈现，都有其属于自身的价值。侵略者与被侵略者也是一样的，为了其中的任何一方面损害另一方的利益都是不公平的。

《小时代》中顾里说的一句话给我的印象颇深，她说："每个人，包括我，都有一次被原谅的权利。"是的，世上没有什么错误是大到不可原谅的，没有什么仇恨是无法化解的。当然，这并不意味着宽容是没有原则的，南京大屠杀的惨痛历史会被永载史册，被永远铭记，这是血的教训，也是痛的领悟，我们对日本的宽容也仅在维护两国友好和平发展、正视历史的前提之下。

不仅是对人，对大自然的一切生灵都应怀有慈悲之心。所以在文末，小男孩儿听完老师的课，第二天天未亮就摸黑找到哥哥关鸟雀的地方，将它们放回到大自然，看着它们振翅飞往天边第一缕金黄的晨曦。我想，小男孩儿眼眶里涌动着的不只是闪烁的朝霞吧。

蓝天，天蓝

陈忠围

朱颜辞镜花辞树，最是人间留不住。

——题记

新年伊始，又看了一遍《十八岁的天空》。堂姐说："你还没到高三，不会了解那种心情。"我想了想，确实还没到，却真真切切地感觉到老了。

每次抬头仰望那片无际的蓝天，总觉得那是生命中最美的点缀。蓝天像是条能让人刻骨铭心的记忆线，冷清又不失温暖，它的颜色永远是最难捉摸的那种。有的时候，天蓝在明媚的阳光下给人一种暖暖的幸福感，简单却美好；有的时候，它在冷冷的空气中弥漫着一股淡淡的阴郁，像是血液的黏稠感。但它从来不会有太过浓烈的入侵，那样柔嫩且细微的浸染，就像蓝色妖姬的花瓣。

蓝天，天蓝。

我是个自私的懒人，活在自己的世界里伤春悲秋，走不出去亦不想出去。教室的墙壁在某个时间段被刷成了绿色，原来的天蓝色被覆盖住了，只是因为谁说的一句话"蓝色是忧郁"。也许蓝色的妆容在高中一年级的时候里被摧残得略显残缺，与充满活力的他们太不和谐。人们总不爱残缺的事物，认定残缺是丑陋不堪的。但我会恋旧，缩在角落细数着那些逃过一劫的若有若无的天蓝色。

蓦地想起当初的"志之所趋，无远弗届"，当它被那几个贴得歪歪扭扭的"携手奋进"代替时，原本天蓝色的墙壁瞬间暗淡。直到我看不见那片蓝，如同那条线被硬生生地扯断了。一如自己荒废已久的笔墨，到最后只剩下淡漠。但还是有一丝满足，至少会有人来对我说："我还是觉得原来的蓝色比较好看，看这绿色和幼儿园似的。"

老实说，相比之下，绿色的寓意会显得较为积极向上，但也让空间变得愈加狭窄。就好像原本躺在内蒙古大草原上看白云的时候突然被扔进了一辆拥挤的公交车，抬头只能看到有限的一个小角落。只是一个小角落而已，为什么还要挤下那么多东西让它显得更加卑微？

我们容易忽然爱上某些人，某些事，最开始来得过分浓烈。然后我们信心满满地把它们放到时光的风箱中。有的只是被烘干了水分，尽管已经不再有往日的光彩，但总归还是剩下了躯壳保存下来，证明它真实存在过。而有的却是灰飞烟灭，再也找不到曾经的美好，繁华落尽，终究是如梦无痕。也许很久以后的一个下午看夕阳时突然想起，悲伤也好，幸福也罢，都化作嘴角小小的梨花。

当最后一抹天蓝消失的时候，我想起贝说的"物非人非"，真的不再属于我们了。请你原谅我的无能，我只能看着它消失，也不知道哪来的那股委屈，跑去找贝抱怨我们的天蓝色不见了。然后发现她班里的墙壁竟刷成了天蓝色，无端给整个教室添了一丝凉意。至此，我才发现天蓝有种隐忍的孤寂，那种空旷的寂寞与孤傲即使在喧闹的教室里也无法消退。你说，是不是心还在就够了？在哪里不一样呢？

蓝天像是巨大的树洞，装着我们的喜怒哀乐。我不知道想念的方式是不是仰望蓝天，但每次看到蓝天，那种没有限制也没有边界的幸福如海啸般可以在眨眼间吞噬一切。蓝天那么宽容，装着过去，看着现在，想着未来，它把每个人的永恒望尽。如果能和蓝天进行一场对话，我想问问它是不是也明白悲欢离合，也能够感受到曲终人散的寂寥和空虚。

在心灵迅速衰老的那一年，天空带着纯粹的干净，平平淡淡的，最后安静抽离。

记不清是哪一天教室里放着一首不知名的歌，反复着那句"这是我们都回不去的从前"，我有些疲倦地靠着已是绿色的墙壁，问同桌："为什么我们都回不去从前？"我知道我问不到答案。这个问题这么难，没有选项，无法计算。

郭敬明的《小时代2.0虚铜时代》里，当林萧看着卫海和南湘的背影，她想起崇光写的一段话：

> 你要相信世界上一定会有爱你的人，无论你此刻正被光芒环绕、被掌声淹没，还是那时你正孤独地走在寒冷的街道上被大雨淋湿，无论是飘着小雪的微笑清晨，还是被热浪炙烤的薄暮黄昏，他一定会穿越这个世界上汹涌着的人群，他一一地走过他们，怀着一颗用力跳动的心脏走向你。他一定会捧着满腔的热情和目光里沉甸甸的爱，走向你、抓紧你。他会迫不及待地走到你的身边……他一定会找到你，你要等。

而我是在仰望蓝天的时候想到了这段话。位置移到第四组的时候，我开始坚持不懈地把墙壁上的绿色一块块破坏掉，一点点地剥离，直到露出了一小块白色。可再怎么努力，我也找不回天蓝了，专属我们的天蓝。

说了这么多，但是如果真的问我最喜欢什么颜色，相对于天蓝，我更偏爱白色。也许是因为天蓝太完美，它承载的是整个蓝天，我爱不起吧。

1+1＞2

王天赋

1+1真的可以大于2吗？当然可以，在我们的生活中，会遇到各种各样的困难，而战胜这些困难的最好办法就是合作，合作往往能使人的能力发挥到极致，产生1+1＞2的效果。

在非洲的帕拉米大草原上，有着十分奇特的一种关系链，一种猴子和盘羊生活在一起，达成了一种非常完美的合作关系。猴子生活在树上，成为盘羊的瞭望者，一旦有风吹草动，猴子会及时向盘羊发出信号，盘羊也就会远远地逃掉，而当猴子在受到其他危险时，盘羊也会让猴子骑在自己的头上，带着它逃掉。这就是合作的力量，合作可以把两种动物的能量和优势发挥到最大。

20世纪中叶，美国的波音和麦道两家公司几乎垄断了世界民用飞机的市场。欧洲的飞机制造商深感忧虑，于是采取了合作的途径：法、德、英和西班牙等国决定共同研制大型宽体飞机，"空中客车"便应运而生了。面对新的市场竞争形势，波音公司和麦道公司于1997年一致决定组成新的波音公司，以抗衡来自欧洲的挑战。

航空产业上的一件大事，便深刻显示出了合作的重要性。在面临困难和挑战时，人们往往想到的就是合作，而一味蛮干，独来独往的人，往往会被别人轻松打败。

科技发展，时代变迁，人们越来越依靠自己，以为自己可以做到，可实际上，合作是解决问题的最好办法。

有这样一则寓言故事：一位长者在路途当中遇到了两个饥饿的人，并且这位长者给予他们两样恩赐：一根鱼竿和一篓鲜鱼。一个人要了那篓鲜鱼，吃完后不久就饿死了；另一个人要了那根鱼竿，走向大海，还没走到海边，也饿死了。鱼可以暂时充饥，可以解决眼前的饥饿问题，但不能解决长远的生计问题；鱼竿可以解决长远的生计问题，但对眼前的饥饿却无能为力。为此，只有两人合作，既能解决眼前的饥饿问题，又能解决长远的生计问题。但由于这两个人拒绝合作，独占一物，最终双双命赴黄泉。

这个寓言故事当中生动地证明了巴尔扎克的一句名言："单独一个人可能灭亡，两个人在一起可能得救。"

合作是点石成金的秘诀，请记住1+1＞2。

坚有度　柔有道

王宇航

坚如磐石，无所转移；柔似蒲苇，其纫如丝。每个人心中都有些坚硬的东西，无坚不摧，一往无前；每个人心中也都有一些柔软的东西，柔似水，软如雪，百转柔肠。坚有度，柔有道，自我才能和谐，人生才能成功。

坚硬好像是一把利剑，披荆斩棘，不为所动。人生需要坚硬，唯其如此，才能坚守信念，把握方向，"不以物喜，不以己悲"，开拓出成功的道路。

柔软恰似一汪清澈澄明的流水，善利万物，真诚坦率。人生少不得柔软，唯其如此，才能有情有义，不急不躁，上善若水，打造出和谐的人生。

项羽虽有万夫不当之勇，却不知人心之柔软；虽无所畏惧，却不明"君子有大畏"的道理。他坚强有余，柔软不足，不恤人情，导致功败垂成。柔软可以抹去坚硬的棱角，给坚硬注入柔韧的翅膀，它需要与坚硬相辅相成。

古往今来，多少人以"柔"自居，沉湎于安乐窝，徘徊在你侬我侬，动则怨天尤人、不思坚守，丢掉了人生的血性与坚强，失去了自我的和谐与成功。

有坚无柔，冷血无情；有柔无坚，镜花水月。只有坚有度，柔有道，才能享受人生的和谐与成功。张居正不畏艰难，不避艰险，心如铁石又悲天悯人，阅尽穷苦百姓的生活不易，他力行改革，青史留名。鲁迅以笔为枪，笔耕不辍，而又懂得"无情未必真豪杰"，真性情自表于外，用生命呐喊。坚硬需要尺度，柔软亦有大道。不能不计后果地坚硬，也不可无穷无尽地柔弱。坚有度，柔有道，才能收获成功。

　　有所坚，有所不坚；有所柔，亦有所不柔。坚有度，柔有道，则人生之和谐可成！

狼

辛文博

寒风呼啸而过，凝固的空气里满是恐惧和血腥。月亮瘦得吓人，像一根弯曲的被啃食的骨头，零星落在地上的光里还残存着几根动物的皮毛，透着红。

一只母狼在雪地里徘徊，向前一步，也许是死亡的倒影，也许是生命的曙光。它失去了公狼，冷酷严峻的毛发里有它最柔软的内心，母狼永远是肚子里孩子的天堂，它为了孩子而受到猎人的追捕，饥肠辘辘，为了孩子甚至牺牲自己的生命也不会畏惧。

扒开刺眼的雪，不过是些野草枯藤，仅能填充飞禽的饥肠。燃烧的烈火会熄灭，强壮的身体会透支，狼依旧寻找属于它的北方。狼的眼里划过一道闪电，紧接着一声长啸，它虽然开始奔跑，可是却没有了从前的速度。狼爪在雪地上摩擦，心在煎熬。

这是雪原，也是凄冷孤独的战场。猎人再次冒着风雪走进冰冷的雪原，牵着陪伴他一生的老马，手提着猎枪，向狼嚎的方向走去。天色渐渐暗去，他把马的缰绳紧紧缠绕在树上，搭起帐篷生着火，休息片刻便动身去寻找食物。当万物重归于宁静的时候，凄惨的嚎叫声再次划过夜空。垂垂老矣的马倒在雪地里，喉咙里还在不停呜咽，最终倒在白雪里。

他端起枪，瞄准脱逃的狼，瞬间，狼，血如泉涌。他走近发现，马的脸上刻着两行泪，刻满对他一生的眷恋，而狼却紧紧护住腹部。他剖开狼的脏腹，里面是三只早已奄奄一息的狼崽。猎人的眼睛发烫，热泪流淌，融化残酷的雪，融化冰冷的月亮。

从此以后，草原上的人与狼不再为敌，幼狼不断成长，人们将它们放归自然。它们成了草原的孩子，草原的守护神，成为草原人膜拜的图腾。

夕阳西沉，他放下了猎枪，却已白发苍苍。他手捧马头琴，一串串滚动的音符倾诉着狼的传说。草原上，新月挂起。

乘兴而来

李 婷

  我喜欢诗，甚至痴迷。

  我不敢说诗是什么，我只能说诗像什么。

  诗宛如一叠冰清玉洁的丝绸，被那巧手的春风裁剪出重重的杏花瓣，还晕染了几点淡淡的胭脂。花儿朵朵，好像打扮入时的美女，香气融融，光艳照人，连天上宫阙的仙女也羞叹不如。笑靥如花的少女轻轻地采撷朵朵杏花，用甘醴般的泉水酿就成一坛坛芳香的杏花酒。

  诗人独自徘徊，望着满园春色，不由独酌一杯。酒入豪胸，三分化作旖旎的春景，七分蕴成诗兴，绣口一吐就是"满园春色关不住，一枝红杏出墙来"。可惜岁月是无情的，曾经杏花朵朵，早已花落枝空。韶华易逝，令人暗自神伤。诗人不由感叹，"无可奈何花落去，似曾相识燕归来"。但是岁月也是多情的，那翠绿欲滴的叶子仿佛诉说美人将归。诗人的双眸是忧郁的，也是睿智的。原来落花入土，与江流入海、落叶归根一样，是大自然的安排。将手指插入松软的泥土，感知地下默默的无私奉献的力量。诗人无限感慨"落红不是无情物，化作春泥更护花"。

  诗宛如一江春水，衣带般绕来绕去围着那黛瓦粉墙的古城。涓涓静美的春水，那是积淀中华五千年奇葩的沉沉的绿呀！撑一乌篷船，像撑在一匹丝滑的翠绸上，滑过那曲曲折折的雨巷，滑过那大大小小的石洞。静静滑过那迂回的雨巷,怕调皮的水声扰醒那不消残酒的梦中人;滑过农舍的窗下,却看见一位云鬓散乱,瘦若黄花,只知绿肥红瘦的伊人。当我掠过她姣好的黛眉,随风拈走一句,大概是她梦中呓语,"一种相思,两处闲愁"。穿出雨巷,沿着深深的烟雨长廊,窈窕女子的柳腰细足,轻轻摇曳,消失于深巷。细雨蒙蒙,梅子黄时雨,这一定是个思念的季节。正想着,抬头便见手持油纸伞的白娘子与许仙在断桥邂逅,当我轻轻与他们擦肩而过,随风窃来一句大概是他们真挚的承诺,"只羡鸳鸯,不羡仙"。

　　唐代的环佩,宋代的罗裙,在字里行间轻灵飞动,我仿佛从这江春水看见陶潜的朵朵菊花点缀了幽幽南山,龚自珍的片片落红幻化成软软的春泥。我仿佛从这江春水听见零丁洋里的深深叹息,孤烟大漠的声声驼铃。

　　也许,这春水是妙玉给宝玉沏茶用的"梅花雪水"所汇成的吧,那明眸皓齿的少女从梅花蕊上小心翼翼地收集点点细雪。一到手心,融成一掬冰莹蚀骨的柔水。或许,这春水正是那杏花村里的顽童打破了酒坛,那芳香的美酒偷偷地聚在一块,令万物陶醉于此。人面桃花,爱情三分色,这春水大概是天下有情人聚时喜极而泣,离时蓦然落下的粒粒泪珠所幻化而成。做一只白纸船,写下红笺小字,只愿那份祝福能随流水到远方的故人身边,倾诉情愫。为何爱情叫人生死相许,只好留问那桃花坞里桃花庵,桃花庵里桃花仙手中那株桃花。

　　我原想再留恋于此,那款款的春水却悄悄地把我送出城。蓦然回首,忽焉似有,再顾若无。

　　罢了,罢了。乘兴而来,兴尽而返。

典故的力量

娴　静

义山的诗，稼轩的词，都是极爱用典的，不仅能委婉地表达出心中所想，也给诗词平添了几分文采。老实说，我自然是看不懂这些用典诗词的，但不知为何，我最爱的，恰恰就是这类诗词。每次读，总有种力量，在心口狠狠地敲出一个霹雳，然后有一个声音带着莫名的兴奋不停地说："太精准了……"

这是典故的力量，换句话说，这是中华文化的力量。那些典故，都是千年来代代相传留存下来的。有的出自百家经典，有的出自宗教故事，有的取自历史事例，然后在文人墨客的笔下，被赋予另一种含义。在我看来，这些典故就是中华文化的一个缩影。

"补天"出自古代神话，说的是脍炙人口的女娲补天的故事。女娲一直被中国人视为人类之母，传说她人首蛇身，曾捏泥造人，又授人以繁衍之道，被人们尊为娲皇。

说起人类起源，西方人总想到亚当夏娃，而中国人却想到女娲。究其原因，只能归结到文化不同上。喝着黄河水长大的中国人都对伏羲女娲的故事朗朗上口，那是世世代代流淌在血液里的传承，中华文化不灭的图腾。

取自历史事例的典故就多了，它们则彰显了中华上下五千年文明的渊源。"伯牙绝弦"这个典故相信肯定妇孺皆知。暂且不去考证它的真伪，伯牙为了知音钟子期而绝弦的动人故事为人们相传至今，定是认准了它的价值。因为这个典故，千年来不知有多少人和伯牙一起缅怀钟子期，又不知有多少人希望像伯牙那样拥有一个知音。这是文化的力量。

　　一个个典故映射出中华文化无比的魅力，它们是文化的缩影，更会携着中华文化，生生不息地传承下去。

坚守东方文明的傲骨

刘 琦

何必羡慕他人的天空,我们自己就是一个宇宙。

托尔斯泰欣赏东方文学,酷爱孔孟先哲;歌德读《好逑传》,颇受东方文明的震撼。五千年灿烂文化,博大精深,可以毫无愧色地说,在人类历史长河中,我们比任何一个民族都更有骄傲的本钱。

然而如今的年轻人,却出现了或深或浅的崇洋媚外情绪,对于民族传统文明却患上了"选择性失明"。

这是一种尚在萌芽的民族陌生感、自卑感。"为什么近代中国出不了大师,出不了人才?"钱学森前辈的疑问仍如持续不断的地震,撼动着国人焦灼的心灵。

在激烈黑暗的"吃人"社会中坚守傲骨。民国时期,局势动荡社会纷乱,多少以笔为刀、裁纸为旗的文人在黑暗时代中坚守傲骨,喜爱随心胸真性情的陈寅恪,横眉冷对千夫指的周树人,不畏死亡敢为自由先的闻一多……坚守傲骨,坚守民族文化,多少思想先贤涌出,化作那个苦弱贫难的大国坚挺的脊梁。在风雨如晦的岁月里,是他们挺立在东方文化的潮头,令数十载而下的我们依旧仰望。是他们,让我们在世界上终不觉卑微。

在纷繁浮华的"光速"社会中坚守傲骨。"水稻之父"袁隆平面对资深老教授的否定,顶着冷眼、质疑与嘲笑,在稻浪滚滚的田野里坚守傲骨，坚守自我知识与创新，数十年如一日，终于研制出新型杂交水稻。最近热传的北大"一个人的毕业照"主角薛逸凡，在寂寞冷清的古生物道路上踽踽独行，坚守着科研求学的认真和严谨。在名利蜂拥的岁月里，是他们挺立在东方文化的潮头，令并世而生的我们仍旧仰望。有他们，让我们对东方文明有着无穷的憧憬与希望。

与之形成鲜明对比的，却是多少普罗大众在商业热潮的推波助澜下，汲汲于西方的一切物质与精神文明。谈不上分辨，来不及甄选，只要是西方的东西，就大喊一声"拿来"！却再也记不起鲁迅先生《拿来主义》中，占有之后我们还要挑选……

文明的尊严，文化的傲骨，是一个民族最坚硬的脊梁，是民族最深邃的道德操守，是民族屹立于世界之林的磐石。全面而客观地认识东西方文明的优劣高下，对于外来文明传递来的"财富"，取其精华，去其糟粕，对于自己的天空保有十分的信心，不卑不亢，才是东方文明应有的姿态。

看雪的人

田少彤

明清的大家里，我最喜欢那个冬夜乘舟看雪的张岱。

张岱字宗子，号陶庵，是明末清初著名的文学家、史学家。对于张岱，我是有过误解的。

最早接触他时，是缘于那篇《湖心亭看雪》。那时我对他字里行间里流露出的恣意与风雅总是艳羡不已，当然也免不了嫉妒，在我看来，张岱不过是个丰衣足食、不知人间疾苦的公子文人。像晏殊和杜甫，前者一生顺遂，所吟的也多是些风花雪月、爱恨离愁的事；而后者饱尝生活辛酸，也因此才会写出"穷年忧黎元，叹息肠内热"这般沉郁顿挫的诗——也只有不用为生活奔波的人，才会有张岱那种冬夜乘舟赏雪的心境。

后来我慢慢接触到张岱其他的作品，才发觉之前对他下的定义太过草率。他出身富贵是不假，早年也的确过着衣食无忧的生活，但那都是曾经。命运给予他的，并非是一世无忧。他后半生穷困潦倒，终日为生活奔波——然而他困窘时写就的文字词句，却字字不改从前的风雅，甚至更甚。

张岱在他的《自为墓志铭》里说自己"少为纨绔子弟，极爱繁华"，那俗世的繁华与热闹是他最喜见的画面，所以他才能把市井民俗写得如此生动美好；他为人洒脱不羁，但他的洒脱和不羁是"阅尽繁华"后的"披发入山",是看透红尘世事后的放纵与真性情;他的文字有大闹,亦有大静,像看一出红火的戏,曲终人散后喝一口凉透的茶水,却又能咂摸出先前的清香……而这些自然天成的文字竟是在他晚年流离山野时写就,所以也愈发让人惊叹。

我曾经一直不解,为何张宗子在经历人生大变、穷困不堪时却依旧能将生活过得恣意洒脱?就连那篇《湖心亭看雪》竟也是他穷困潦倒时写就的,究竟是什么,才让他在历经坎坷后依旧还保有那份看雪的心?这个问题直到后来我读了沈复的《浮生六记》和苏轼的《东坡志林》后才隐隐有了答案:无论是一生颠沛流离的沈复还是仕途不达的苏轼,在经历艰难世事后都没有丢失他们追求诗意的心,所以他们才会关注那些不为人发掘的美好事物。

张宗子也是这样,纵使为生活所迫,仍旧不改那颗看雪的心。

忍不住我想起了《儒林外史》里的一段,说的是杜慎卿在山间小坐,遇见挑粪的汉子们卖完了货,也歇在山间闲聊。其中一个拍着另一个的肩头:"我和你在永宁泉吃一壶水,回来再到雨花台看看落照。"挑粪工也识品茗赏日落,听者唯有叹一声,真是风雅!

世人大多疲于生计,但总有人不囿于生活,即使困苦也依旧执着追求美好的事物。那种一如既往对诗意的追求,在张岱这里,都化成了他那颗冬夜乘舟看雪的心。

别逼顾城学鲁迅

宋小君

文学是一门高深的学问，但中华文坛向来不缺大师。

鲁迅是一面不倒的红旗，文字词句锋利如刀，挟雷霆万钧之力扑面而来。

沈从文则是另一种文风。娓娓道来，不疾不徐，平和从容却动人心弦。"近水人家多在桃杏花里，春天只需注意，凡有桃花处必有人家，凡有人家处必可沽酒。"

顾城是朦胧诗派的一颗明星，诗句缱绻迷人，言有尽而意无穷。他写：那时请摘下一叶征帆，来覆盖我创痕累累的长眠。

鲁迅、沈从文、顾城，三人都是近现代文坛里程碑式的人物。

同为文坛中人，却风格迥异，各有所长，并把自身长处发挥得淋漓尽致。

诚然，我们笔下文字或如沈从文娓娓道来或如顾城朦胧缱绻，并不影响我们欣赏鲁迅的犀利，但我们更应着眼于自己的长处，而不是一味艳羡模仿。每个人都有自己的长处，或与生俱来或后天造就，都是应该珍惜并善加利用的，而不是羡慕他人特质。

身边人文采斐然，提笔便能于四百字的稿纸上恣肆汪洋。几多羡慕几多自卑，但后来也逐渐看开。我们欣赏李清照文字中的离伤，我们赞叹纳兰容若词句中的愁绪，可我们青春正好，无须为赋新词强说愁。

自身的风格，才最为动人。

画家黄永玉曾说："我最喜欢的是文学。"但他也自知最擅长的是绘画，便不去艳羡身边那些文学大家的成就，专心致志于画纸之上，终成名家。

擅长之处若在绘画，便在画纸上重现文字中"临去时秋波那一转"；擅长之处若在器乐，便平心静气弹奏一曲文字典籍中的失传绝响。忘却自身有的，却追逐那虚缈的，何必呢？

此间道理绝不仅仅适用于文学与艺术，万事万物皆如此。

于物如此。牡丹有牡丹的雍容富丽，百合有百合的清秀淡雅，雏菊有雏菊的灵动自然。

于人亦如此。长于人文，何苦死磕符号公式；不善于言辞，何苦唇枪舌剑定要辩个高下；若是缱绻的顾城，若是平和的沈从文，又何苦去学去艳羡犀利的鲁迅呢？

看到自身"千万人中独我一人"的风格，不必眼红于他人天生的素质。幸福在于看到自己已有的特质。

找寻自身独有的风格，千万别逼着顾城去学鲁迅了。

文化的公与私

潘天逸

谈起文化，总觉得是一个抽象的大概念。从古至今，多元丰富的文化屹立于世界之林。它们或因内敛而脉脉相传，或因外向而快速扩张。文化，它，是底蕴。人们赞叹一个人"有文化"，往往意在指这个人肚子里有"墨水"。

在我眼里，文化是复杂的、双重的，是无骨的，它可以在任何一个容器、任何一处缝隙融合。哪怕是再小的范围里，它也有着它的显与隐、公与私。

时代如同永不停止鼓动的鼓风机，总是在进步。随着二十世纪四五十年代第三次科技革命的到来，人们乘上信息化的快车。人们依靠一张名叫"互联"的网，来获取对这个世界的大部分认知。网友的力量，渐渐成为社会的一股重要力量。

羊年春节，一场铺天盖地的"抢红包"席卷了整个网络。年夜饭的餐桌上，春晚的电视机前，午夜的烟花下，随处可见低头"争抢红包"的人。朋友圈里叽叽喳喳，嬉笑打闹，竟然打开了许多人平日紧闭的话匣子，别有一番乐趣。我突然觉得，这个年变得热闹了，我们感受着新科技与旧风俗的完美碰撞。近些年年味渐渐变淡，没想到这一场创意活动，让华夏子孙们在一个虚拟世界中欢度"大年"，这么热闹。

我觉得这也是一种文化，这个时候的文化，是社会性、公众性的。

　　随着文化的不断共享，社会渐渐形成了统一的文化标准，文化的私人性默默地被分割。有人照着出版社或是某位专家开列的书单读书，以为走了提升文化底蕴的捷径；有人偏爱一些他人对经典作品的分析与评价，以为走进了原作家的内心。殊不知，书中的文化他们从未真正领略到，别说是思想的脊梁，就是肉体的皮毛也触碰不到。想起有些人为了能在他人面前展示自己的"博才多识"，面对大量的鸿篇巨制，竟只看那寥寥几行目录，更有名人甚者，在公众平台上卖弄作家和作品的名字，不禁使人哑然失笑。这样精致的急功近利者，终会有一天，在真正才高八斗的人面前露了马脚吧。

　　文化，有时更是一种隐私。它是午后捧书躺躺椅上的宁静，是喧嚣浮华的城市里，一隅清丽的喷泉，是夏夜荷塘边涤荡的芦苇和潺潺的水声，清脆的蛙叫虫鸣声。偶然发现学校一位历史老师在学生四处走动的乱哄哄中，独自点了一盏泛着昏黄色灯光的小台灯，埋头品读一本大部头书，神情淡然宁静，丝毫不受干扰。后来当他走进教室，放下教科书就随口天南地北起来，思想的广度和深度让坐在台下的我听得半梦半醒，半迷半醉。那一刻，我才真正体会到什么是知识分子的儒雅风范，什么叫文化的纯粹。他博览群书，却甚少发表论文，小心翼翼地守护着自己思想文化的私人性，那一方净土。

　　既复杂，又纯粹；既公众，又私人。我想，这就是无数文人追求的文化平衡，这就是文化的魅力吧。

如水若风似葱茏

曾琰棋

花少不愁没有颜色，我把树叶都染红。

——台湾民歌《西风的话》

湘西大概是少有枫的地方，一眼望去，皆是暗色调的风华。暗色调的水，暗色调的青石板，暗色调的篱墙，混合着湘西的银饰当当作响，缱绻缠绕，醉了一方人，一方土……

沈先生是陷在这淳朴民风里了吧，写出来的作品也如同水一般，优美却又缠绵，为艺术而艺术，为生命而生命，为时间而时间。如水若风，又恰似撞上一片葱茏青意。

先　　生

他童稚时很顽皮，他写着自己偷偷去游泳，自己去打架，自己为了摸鱼而逃课……这些事情，没有一样是一个传统意义上的"好学生"做的。可是他也一笔笔写了出来，用纯美朴实的字，勾成一串雅致的句，充溢着一股奇异的自豪感和新鲜劲儿，让我艳羡不已却又"不得为之"。所以喜欢沈从文先生笔下的"自己"，总是透着鲜活的气息，淋漓于纸上，宛若我也何时体会过这种稚嫩——不同于我的"稚嫩"。

沈先生素来是把自己的湘西故乡看得极重的，他痴恋着家乡的每一寸土，泥的芳香也被他所珍藏。他说，他的文字来源于水。而水，则是来源于湘西。而湘西，是他的根，他的一切都属于湘西，也来自于湘西。

他写过女伢们的欢乐对歌，写过情思温软的《边城》，他写过很久以前的自己。他笔下绘出的，无一不美好，无一不拥有如水情致，无一不清新脱俗。淳朴的民风，安静的古城，纯粹的百姓，沈先生的"艺术"是为"艺术"，他的灵魂别样剔透，他的文风如水若风，似他的人一般。

沉　　思

为艺术而艺术的人，沈从文先生是一个。

如他一类，像当时抨击"新月社"的人说的，不过是种"小资产阶级才带有的情爱，不值一提"。

但是读过他的作品后你会发现那些抨击对于他不过是过眼云烟，对你来说不过是泛着苦水的虚假谎言。

沈从文先生清于浊中，傲然却又温软，他不曾有过低腰否认自己信仰的经历，他不曾垂首哀叹自己的时运如何如何，他固步于自己的追求。他是一个敏感柔软的灵魂，他也有过怯懦和不安。他教会了我艺术的另一种层次，他让我懂得了有一种坚韧叫作柔软，他也使我学会偶尔需要沉默——唯有安静，才能适于美好。

花少不愁没有颜色，有种情思把一切都染红……

某种情致如水，清澈澄明掬水留香。

某种情致若风，淡雅温文轻触如绸。

某种情致如他，恰好似一片葱茏。

不给自己留后路

我们要把自己的生活当作一场鹿狮角逐之战，自己是那头被追的鹿，你若不竭尽全力，便成了狮子口中的一道美味，人生便从此了无意义。因此，让最快的那头狮子也被你远远甩在后面，那么相信你离成功之门也不远了。

想那件水绿色的旗袍

郑巧玛

是的，我在想念一件旗袍。

这是一件并不华美的旗袍，可以说它已经是件"过气货"，但仍不影响我对它的想念。

我所想念的，是一件浅绿的旗袍。水绿色的衬底，上面绣有嫩粉的荷，还点缀着几只斜飞的蜻蜓。在我小时候，祖奶奶就抱我坐在她的腿上，跟我说她小时候和曾祖奶奶学刺绣的事。祖奶奶出生在江南的刺绣世家，家中女人个个都要学针线工艺。于是我的脑海中，便出现了一位年轻端庄的女子，将自己的一生密密实实地缝进布里的场景。到如今，我仍记得祖奶奶坐在床边刺绣的样子：戴着一副老花镜，眯起眼角布满皱纹的眼睛，右手拿着针，在布上用线勾勒出一幅幅动人的图画。

我所想念的，是一件祖奶奶为自己缝制的旗袍。祖奶奶总是会跟我们说，她很想念祖爷爷，可是他们已经半世纪没有相见了。我经常看见祖奶奶会时不时地找出那件绿旗袍，轻抚上面的花纹，细声呢喃，独自落泪。奶奶后来告诉我，当年抗日战争爆发，祖奶奶领着奶奶和小爷爷送祖爷爷北上，是两个人最后一次相见——祖爷爷后来战死沙场。那一天，祖奶奶穿的就是这件水绿色的旗袍。祖奶奶为了养大几个孩子，不停地找活做，那双原本为了刺绣而生的手，被厚实的老茧爬满。

我所想念的，是我见过祖奶奶穿的那件旗袍。犹记她九十大寿那一天，祖奶奶要我帮她穿上那件水绿色的旗袍，长辈们都说应该穿红色的那一件，祖奶奶竟像小孩子般耍起了脾气。这是我的第一次也是最后一次看到她穿那件水绿色的旗袍。站在镜子前，祖奶奶虽然佝偻了背，但是，我还是完全可以想象得出祖奶奶年轻时是多么的明艳动人。"祖奶奶，你好漂亮！"我不禁脱口而出。不想祖奶奶脸红了，像个十七八岁的少女般："你喜欢这件旗袍么？以后这件送你吧。不好不好，这件太旧了，祖奶奶给你缝件新的。"那一天，我竟在祖奶奶的脸上看到了前所未有的笑容，仿佛穿越了时空，祖奶奶和祖爷爷再次相逢在那个转角。

然而，人类终抵抗不了死亡的命运，祖奶奶被时间带走了，只留下那件水绿色的旗袍和我们对她的无限思念。

时常会想起祖奶奶抚摸布结，轻喟长叹的情景，想起她穿上那件水绿色旗袍时祥和而美好的神情。那种种温暖的记忆，将和水绿色旗袍一起，陪着我一起长大，变老。

哦，想念那件旗袍。

空 房 子

蒲云川

空房子原是住了人的，那人是我奶奶。

奶奶离开这房子时，我不知情。我回来时，那里便已经空了。奶奶去了江西，这是爸爸告诉我的。但我站在房子前的空地上时，却寻不到奶奶离开的方向。我终究是不知道奶奶去了哪儿。

我坐在卧室里，待了一阵儿，本该做些什么的，却又忘了，站起身来时，忽地想起，我是该去那屋子里看看的。我取了钥匙，推开了门，恍惚觉得这里原住的人是依旧住在这儿的，但当我看清眼前的一切时，我却醒悟了。房子里乱极了，而奶奶平素又是那般整洁。

房子是土坯垒的，灰褐色的泥土被压成粗糙的方块，其中还混杂着稻田里的枯梗。我没看见这房子是如何被一块块土方堆砌起来的，但我却是看见了奶奶搬进去的。

而一起搬进去的，还有我的童年。房子的一角，会在冬天来临时，燃起柴火，而我正是最欢喜那个时刻。奶奶会坐在柴火边上，脚下蜷缩着那只黑猫。而火堆下的草木灰中，总会埋着几只红薯。在草木灰的温暖中，甜到心尖。我是坐不住的，操着竹片，满屋子里跑。竹片在手中舞得生风，我幻想着自己是侠客，而竹片划过便犹如利刃劈在敌人的身上。我乐此不疲，不停地砍东西。奶奶是看不懂我在做什么的，但她却是很愿意看到自己的孙儿这般活泼。奶奶一边用木棒侍候着柴火，一边喊道，来吧，停会儿，我给你隔隔汗，别着凉。我停下来，奶奶在我背后塞条毛巾。我问，红薯烤好了没？不急，不急，多烤会儿才好吃咧。奶奶安慰道。我安静地坐在火堆旁，望着火苗吭哧吭哧蹿得老高。奶奶的脸让火光映得通红，那一道道皱纹里，也漾着笑。

奶奶离开后，那只黑猫是被留下来了的，只是它固执地守着那空房子，我也便不再打算将它圈进我屋里来。起初是记得给它添些饭食的，而后，也因时间长了，渐忘了这事，再则，每天取钥匙，开门关门也着实是厌烦了。总之，黑猫是被遗忘了。那房子，又空旷了许多。

我渐渐长大了，也习惯了少些什么的日子。曾有一阵，我是以为我已彻底死心的，然而，当我见了那只消失了很久的黑猫时，我被记忆狠狠地甩了个耳光。我匆忙地去取了些饭食，虔诚地捧了碗，奉到它跟前。它瘦削了许多，却也冷漠了许多。凝视着它的眼睛时，我竟是这般怯弱。终究，它还是跑开了。我以背叛者的姿态，目送它灵巧的身影消失在空旷的房子里。

这儿是彻底空了的，那只黑猫也离开了。

我坐在曾经的火堆旁，看着墙上烟熏得漆黑的印迹，无端地心酸。我不知道这么多年我活得那般淡定，是不是真的背叛了曾经的回忆。那些时光是回不去了，黑猫是知道的，所以它也没能一直守候在这寂寥无人的房子里。

那一天，我在空房子里坐了好久，我几乎是扫遍了每一个角落，往事历历在目，只不过一切都已不是那般模样。后门已被杂草荆棘封住，这些野生的玩意儿，此刻该是如何的骄傲，毕竟没了人的地儿，它们可肆无忌惮地高笑。望着它们趾高气扬的喧嚣模样，我也只能掩了门，离开这只属于回忆的地方。

奶奶回不来了。妈妈说，奶奶是希望在那边离世的，她老了，不能再折腾了；而黑猫，是野了的，它宁可一直野下去，也不愿和我一起守着逐渐被时光水泵殆尽的回忆。如今，房子是一直空着的，我却愈发地没有空闲再去那儿坐坐。

旧 时 风 雨

钟 柯

远远的几声轻雷响过,窗外又哗哗地下起了大雨。我忍不住搁下了笔,侧耳凝神细听。不,不一样。此地的雨声无论如何,都无法与我记忆中的雨声重合。那些飘洒飞扬在旧时故乡的风雨声,时时在我的耳畔回荡不绝,鲜明得一如昨日。

小时候住在外婆家的老屋里,因为是木瓦房,所以一下雨就听得分外清晰。雨打在瓦片上是玲玲的脆响,仿佛一曲优美的乐章,格外清越动听。站在屋檐下,只听见从屋檐流下的雨滴溅落在门口的青石板上,"嗒嗒"作响,好似少女轻快的舞步。而在这儿,四处是钢筋水泥的森林,孱弱的雨滴无力勾起它的共鸣或回应,只能讪讪地来了又去。我在静夜里沉默地聆听,聆听这雨一声声哀叹它在此地的孤寂。或许它是和我一样地想念着那个古城吧,想念着它的青山,想着那满山香樟和着雨声的沙沙歌唱,想念着它的碧水,想念着那江潭湖水迎接同伴的喜悦欢欣。抑或,这一声声的凄风苦雨,根本就是意图唤起我对于故乡的回忆?呵,那么不得不说,它是成功的。因为这个世上,再也没有任何一种声音,可以比雨声更温柔更迅速地牵扯出我埋在心底的乡情。

春雨绵绵无声,使我想起清明随长辈上山祭祖,细雨迷蒙处的映山红,那娇艳的红色灼灼地直映到人的脸上来;夏日雷声阵阵,使我想起幼年时随哥哥荡舟湖上采莲藕,暴雨倾盆时便随手折荷叶倒扣头上权充斗笠，虽然浑身湿透，可是照样快乐异常；秋雨簌簌催叶落，使我想起老戏院门口那棵两人合抱粗的银杏树，它曾那样慈祥地看我在它底下跑来跑去，如今却该叶随雨落满地凄凉了吧？冬雨瑟瑟冷彻骨，使我想起孤身在家的老外婆，这样寒冷的夜里，她是不是独自伴着一台沉默的电话，静静听那北风携雨满城呼啸呢？

"凄凉宝剑篇，羁泊欲穷年。"李商隐一首《风雨》，不知道道出了多少游子隐忍在心底的那丝凄楚与惆怅。在那些个"黄叶仍风雨，青楼管自弦"的夜晚，我枕着一夕雨声，任他乡的风雨在我的心头折腾起乡愁的巨浪。无妨，无妨，只需进入梦境，我即可回家乡。

我思故园非此日，夜夜风雨入梦来。

都 怪 你

张 侃

是你给予我生命，让我能享受到每日的晨曦；是你抚养我长大，让我能迈过每一道坎坷。可是，这样的你，却被我在心里时刻责怪着。

都怪你，养刁了我的味觉。每天你总是比我早起一个小时用来准备早饭，鱼肉馅的包子，蘑菇馅的饺子，薄如蝉翼的春饼，清淡可口的小炒，变着花样的饭菜，比在平常酒店里吃的味道丝毫不逊色，常常是连着一个月的饭菜都没有一次重复过，害得我尝到大厨们的手艺都没觉得多好吃。这样挑剔的我又如何能像你说的那样"走遍四海，随遇而安"呢？

都怪你，像个长不大的孩子。你喜欢聊天，喜欢"偷菜"，曾经因为电脑崩溃、手机没流量而痛苦不已，被我和妈妈嘲笑。你喜欢网游，喜欢新潮，曾经大半夜踹开我的房门只为告诉我那只幽魂宝宝你用三十万卖出去了，而我刚刚批评过那只召唤兽属性垃圾。你夸许嵩有才，你说滨崎步的奋斗让人钦佩。你每年都会送老妈玫瑰花，秋天你会带我去海边的小码头捉螃蟹，在那个鲜为人知的秘密地点，我们总会满载而归。冬天一下雪你就会迫不及待地出去，拍下一张新雪初霁的照片。这样嘻嘻哈哈、童心未泯的你，又怎么能养出端庄稳重、成熟老练的我呢？

都怪你，为什么对我这么好呢？你说核桃补脑，每天都会为我新剥一小碗的核桃仁，我不爱吃核桃仁的那层软皮，你和妈妈就一点点小心地把它们剥得白生生的等我吃。本来应该扮演严父这一角色，却一天到晚婆婆妈妈，唠唠叨叨，我被你惯得那么懒，高中以来不曾洗过一次衣服，叠过一次被。我被你惯得如此脆弱，一想到将来有一天你会远去我就有想哭的冲动。我被你的爱、你的好弄得如此笨拙，笨拙得不知如何抚平你的皱纹，拂去你渐白的鬓发；我被你惯得如此贪婪，不想时光流逝，我想让你永远年轻。

还记得在奶奶的相册里看到你十七岁的相片，骑着一匹棕色的马，对着镜头放肆地笑，突然明白你只是一个凡人，你也会老去，我却想一辈子这样怪着你。

穿过胡同的风

李家吉

清华园荷塘边，孑然的身影随着一池荷香，幽幽地穿越了八十多个春秋，北京的天空中似乎还可嗅得到佩弦先生散发的乡愁，是眼前的荷叶，还是六朝时浪漫的菱歌？他背着手踱回的温暖的屋子里，有妻儿熟睡的鼾声。先生带着月光沾着荷香，是不是又在梦中回到了故乡？家乡啊，是旅人牵挂的眼神；家乡啊，是每天穿过的小径。你抬起头来，能看见红墙黄瓦的故宫，但是，那不是你的家乡，那里冬眠了数百年的帝王，尘封了数千个臣子，他们距离你太过遥远，遥远到无法走近的地步。宫墙阻隔了世界，墙外的护城河水隔绝了世俗，而你真正生活在世俗中。乡情，其实就是穿过胡同的微风。

林语堂彳亍在世俗红尘中，用自己平民的眼光审视槐树下来往的行人，听他们南腔北调的口音，感受古玩商人悠闲自得的心情。胡同里的老年车夫去了哪里？村庄麦田怎么也寻不见踪影，那几个在路边嬉戏的儿童更不知藏在哪儿。

夕阳下，天坛公园里踢毽子的老人，是不是曾经在路边嬉戏的儿童呢？岁月如水般匆匆流走，他们身上为岁月风霜雕刻的印痕，恐怕已经无法去掉。或许，他们还清晰地记着，几十年前路边天真玩耍的情形，或许，他们已经忘掉了过去的灰暗生活。无论如何，我都愿意相信，他们就是林语堂先生笔下的那几个孩子，看他们活泼可爱的儿童般的神态，看他们精神矍铄的样子，分明就是那没有改易的脾性。

神思穿越过往，连接今昔，一幕与另一幕，勾连成一片。不由地，我再次抬眼看着他们，矫健的身姿，仿佛春日里轻快飞舞的燕子，空中旋转飞舞的毽子，在夕阳下，在古柏旁，在帝王走过的甬道上空，画出一道道优美的弧线，向着另一位的方向奔去。这位白发银须的玩伴左腿向外轻轻一挑，白色的布边鞋轻轻一触，毽子便向着另一位玩伴去了，你一来，我一往，他一接，你一勾，不知不觉中，已是几十个回合。只见老人擦了擦脸上的汗水，眼睛瞅着向他飞来的毽子，只见他轻抬左腿，直伸脚面，毽子轻轻地落在了他的鞋面上……正看得惊讶时，脑海中再次想到林语堂先生笔下的那些人物，还有那踢毽子的人，这枚毽子是不是那一只呢——

胡同中的风仍在吹，能不能吹醒你藏在心中的梦？

方　圆

张晨钰

一提起"方圆",便在脑海中勾勒出童年的回忆。

在我很小的时候,去公园里爬山下来,总能看见老爷爷们在石凳上下棋。方方的棋盘,圆圆的棋子,你一步我一步地过着儿,不紧不慢,丝毫见不到对决的紧张。一旁的人也就这么悠悠地看着,有时也会低声地讨论几句。一盘棋下完,人们便散去,不用相约,第二天还会再摆好一盘棋。有时赢的人会指点输的人几句,输的人也就静静地听,默默地点头,对于结果,总是一笑置之,从来见不到有人为了输赢而争得面红耳赤。有些人因为下棋变得熟悉,成为朋友,而我不过把它当作一件消磨时间的趣事,还不知道这棋盘上走的是人生的大智慧。

记忆里,我总爱在巷子里奔跑,听那啪嗒啪嗒的脚步声,看那方方的青石板铺就的小路与圆圆的石拱桥一块儿勾勒出一幅秀丽的画。跑累了便坐在河边的石凳上静静地望着水中石拱桥的倒影;有时目光穿过桥洞望向对面忙碌的人们和翠绿的柳树;有时站在桥上,趴在石栏杆上望向远方那水天相接的地方;有时在屋里看着斜斜的雨丝落在青石板上,落进河水中,泛起层层涟漪,听那雨滴敲打在黛色的屋瓦上,奏起明快的音乐;有时也会遐想自己撑一只小舟,从那桥洞里穿过。

儿时的我对糖有着一种特别的痴爱,方方的冰糖,圆圆的棒棒糖,是儿时甜美的回忆。小时候的我不愿做作业,外婆便拿块冰糖哄我。外婆看着那丝丝的甜意化成我脸上满足的笑容，也开心地笑了。那时的我，心里藏着多少对糖的喜爱，多少的不听话哟！

外婆精湛的手艺我又怎会忘了呢？方方的年糕，圆圆的团子是冬日里暖暖的温情。蒸腾的热气伴着桂花的香味，打着旋儿升上空中，在屋子里弥漫开来。白白的、红红的年糕，咬下一口，便是满嘴的香甜。青团子是豆沙馅的，白团子是萝卜肉馅的，这特殊的味道成了永恒的回忆！

不知为什么，每次听到烟花吹着口哨升上天空，我总爱停下来，看方方的窗子外，圆圆的烟花绽放在漆黑的夜空，如花一般绚烂。虽然烟花一次次地照亮夜空，也不过那么几个花样，可我却总也看不厌。

方圆承载了多少的回忆哦！只是如今再没有时间去看老爷爷们下棋，再也不能在青石板的小路上奔跑，也很难再吃到那好吃的糖了。不过冬日将至，我又可以尝到外婆做的年糕与团子了！

舌根上的乡情

陈思远

儿时的我,喜欢听自己吃萝卜干脆脆的声音,喜欢那缕缕炊烟送来令人陶醉的味道,喜欢稀饭,喜欢偷偷地装一口袋盐豆上学。

那时的冬天,到处弥漫着难忘的记忆。那时的家乡,到处都是美好的记忆。

我会想念那咸菜炒豆的清香与入味儿,我会想念萝卜干里浓浓的乡情与阳光的味道。我会突兀地想看那晒满咸菜的院子与那缕缕炊烟环绕的日子。

儿时,每天中秋过后,母亲与奶奶便从地里挖出那又大又胖的萝卜,红的,白的,绿的,然后在秋风中把它们洗干净,放进瓦缸中,我甚至无知地认为只要进了这缸,任何东西都会变得好吃。

腌制后,全村人把它放在屋顶上、放在院中,让它吸收一个季节的温暖,把家乡独有的气息晒进去,把整个世界的美味放进去。

全村的妇女都不约而同地制作萝卜干,让桌上一整年都有美味可吃。母亲做的又好看又好吃,她用粗大的手翻动那些享受太阳浴的美味,像对待孩子一样的认真与慈爱。

从此一年中桌上便有了会唱歌的"山珍海味",萝卜干晒好后,炒香后放上麻油,那香足够让花朵害羞,飘满院子,飘进儿时的我天真的心。

后来离开了家乡到了城里上学，每到放假，总要带一瓶满满的母亲炒好的萝卜干，伴着馒头，我总能吃出家的味道与那些阳光的记忆。

一个人不管走到哪儿，她都不会忘记家乡母亲做的饭菜。虽是粗茶淡饭，但舌头总是想念那久违的味道。舌根上有最顽固的乡情，有识别我们不同基因的密码，不论是西餐中劲道的牛排还是那特制的面包都替代不了最原生态的东西。这是家乡给我们烙上的印迹。

如今社会在变，生活在变，或许你已习惯牛奶面包的日子，或许你已忘记最初的味道，更或许……

可无论你在哪儿，无论你是谁，你的舌根始终有无尽的乡情。

静谧的张力存在

邹卓凡

母亲说："孩子，眼前展现在你脚下的生活之路，在一些时候曲折，一些时候平坦，但更多时候是茫然没有方向、未知没有指引的。或许曲折让你痛苦，平坦让你麻木，迷茫让你手足无措，因为生活中，值得忧伤哭泣的事情太多。上帝或许无法救你，但他赠予你最珍贵的礼物，这已经足够你微笑一生。"

——题记

我们看见生命以不同的形态在时光中行走匆匆，站在生命的终点来看，匆匆的不仅是时光，更是行走的生命。尽管生命匆匆，但生命中许多特性将时光撕破，填满了欢乐、痛苦以及更多难以名状的经历，让生命得以延伸。人是生命的拥有者，但生命的延伸并不是人的延伸，反而是人的终结，毕竟人难逃一死。但生命却可以跨越死亡走进永恒。而在人与生命的意识转换之间，必有一个承接彼此的物质。这物质伴随着人的诞生而开始承担传递的使命，将人的精神意识以实物的形式传递于他人，保证生命意识的不衰竭。不衰竭就不致产生毁灭。巧妙地将有形的人体和无形的生命意识分离，以便生命的延续、重组，即我们所常说的生命力。当生命意识可以易于被传递而难于被破坏时，就构成了生命强大的保障。而这传递的物质也就日益变得重要起来，象征人类文明，意味着生命意识。

当一个个体的生命意识旺盛时，便亟须其他生命意识的补给。由于这是一个独立而静谧的过程，所以造就了这传递物质的独立性。我们独立地思考、独立地创作并独立地成形，这一切过程都由生命意识的本质所驱动，在生命意识的感召和危机感中完成。这也是为什么我们说阅读促人自省，这便是生命对于自身的打量和揣度。阅读本身并没有给予我们太多直接的答案，现实总是错综而复杂的，现实问题的解决很难直接套用历史经验和规律。所以阅读提供人类许多思考的途径，促使人类在前人思维的网络中完成对新事物的探究，更是生命意识的二度创作和时时延续。

由此我们便可以得出结论，阅读是一种生命行为。当一个人产生生命行为时，从某种意义上说，便是从日常琐碎的事物中抽离，进行一种关于生命本质的反思，获得看待现实的新眼光。很多时候现实世界让人无奈，甚至无能为力。而阅读引发的思考则教授人类一种另辟蹊径的方式渡过难关，不是解决，而是释然。当一个人学会经常在一些难以放手的事物中豁达处之，转而继续坦然进行生活时，生命意识强大的能动性便改变了人类无能为力的现实处境，不至于让生命被生活击垮。这也就是我们常说的乐观。

同样，一个国家一个民族在面对复杂而巨大的社会现实问题时，也能运用一种类似"阅读解救"的方法转换思路，就会有顽强不息的生命力和源源不断的精神动力。除此之外，我认为一个家庭、一个城市、一个国家对于阅读的重视就是对生命意识的尊重，即"以人为本"。当生命本着生命意识的原则进行生命活动时，现实问题便不足为道了。再换言之，当一个国家的所有国民都将思考这个民族的民族命运和生命存在作为思想的主题时，这个国家也就足够强大而不至于被打败了。

明白了这些，也就可以理解当年鲁迅的"横眉冷对"，五四运动中的众多摇旗呐喊，也就不难了解如今为何将阅读上升到全民参与的高度上去。我们可以看见，母亲在给予孩子爱的同时也不忘记给予他阅读的力量，生命的本能特性由此体现。然后，生命在阅读中展现了强大的张力，以及最静谧的存在。

机遇与月光

孙 楠

一个凉爽的夏夜，我和一位朋友在屋内闲聊，谈到自己的生活，我便感叹自己机遇欠佳，无法让生活处处垂青于我。朋友笑笑，用"机遇只叩门一次"的典故来警戒我，我苦笑道："哪怕叩一次也好啊。遗憾的是，一次也没敲过我的柴门。"

"我不相信。"朋友不客气地说，"如果你没听到她的敲门声，那一定是因为你只知道去听自己的声音，你用自己的声音覆盖了一切。"朋友的话让我感到委屈，我们相对沉默了很久。

"今天的月光真好。"朋友突然说。

"有月光吗？我很惊奇。我们的房间窗帘拉得很严，屋内只有雪白的灯光，她从哪里看到了月光呢？

"你瞧——"朋友把手指向了两扇窗帘中间没有并拢的缝隙，在窗帘的褶皱中有一两条隐约的灰线投射在上面，不细心看是绝不会发现的。朋友走过去，认真地注视着那一两条灰线。"月光是从窗缝中挤进来的，两层蓝玻璃，这么厚的阻隔，这么强的灯光，可月光还是射了进来，留下了自己的痕迹，但是如果你不留意，你就永远察觉不到它的存在。"

"这就是机遇。"朋友说。

刹那间，羞涩烫热了我的脸。

是的，这就是机遇，它时时叩着我们的门，频频地在我们周围现身。如果没有听到它的足音，那是因为你的自怨自艾是最大的噪音；如果你没有看到它的身影，那是因为你苍白的目光已被虚妄与浮华的事物所诱惑。

罗丹曾说过："在这个世界上，缺少的不是美，而是发现美的眼睛。"同样，这个世界缺少的也不是机遇，而是发现机遇与把握机遇的心灵。当你口口声声埋怨命运没有赋予你良好的机遇时，你不妨在一个月光很好的晚上，认真地读一读那些透过窗户射过来的丝丝缕缕的月光。这些月光也许会让你懂得：

机遇如清水，无处不能入。

机遇如月光，有隙皆可存。

芬芳的木头

施 歌

我一直喜爱木头的质朴和清香。

童年的夏夜，我躺在木头的条凳上，听奶奶讲笑话，笑着笑着就掉到了地上。于是爬上木头方桌，在满天星光下轻轻翻身，可以听到赤裸的皮肉与木头相接，发出慢慢剥离的声音，微微的，甜美的。

那时候的邻居是一个斜眼的木匠。家里的木桌木凳都是他一手打造，还有我的七巧板和积木城堡。

我曾去他家蹲在他面前，看他斜眼弹着墨斗，在光洁的木头上轻轻地做上标记。他正在完成一张雕花的大床，据说是别人家定下的嫁妆。我的腿蹲着有些酥麻，出去转悠了几圈，就发现那方方直直的木头长段正在瘦成一个耸肩的形状，还有即将完工的床尾，喜鹊登枝，枝蔓缠绕，如同一段缠绵悱恻的闺阁绝响。

尽管结果总是让人新奇不已，但雕刻、拼接的过程在那时的我看来无疑是枯燥而冗长的。

他家里永远只有那几把细长的凿子、锯子和一把斧头，还有许多我叫不上名字的奇怪工具。我永远也看不清他到底是怎样去雕琢，只见他凿刻过的地方就会雪花般飘落下一阵木屑，满地都是，还有的在他的头发里优美地卷曲着，我想帮他摘下，又怕打扰到他。

我百无聊赖地想起他以前告诉我这些木屑可以添在灶火里，容易烧火而且米饭会因此结出可口的锅巴。我想他家的饭一定很美味，便看向他家的厨房。其实那根本称不上是一个房间，只是一个孤零零的老式灶台，灶膛里有几根焦黑的木头，凑近了还能嗅到木头专属的滚烫而细小的香气。

难道他就是在这个逼仄的灶台前发现了煮饭的奥秘？我望着他依旧专注的身影，忍不住发出了疑问。他闻言微笑地抬头，抖落了一身的碎木屑："我三天两头会忘记吃饭的时间，手头的东西最重要，哪顾得上再装一个高级货，我也使不来那些东西，简简单单像这些木头一样就好了……"

我想象着在那些我看不见的日子里，他一个人，无人打扰，端坐在小板凳上，在简陋的小房子里，伴着他钟爱的木头，把一个个晌午坐成了黄昏。

可能多数时候他的生活会粗糙得像那满地的木屑，但一旦触碰到那些方正的木头，他的心就会像一件光洁的完成品，整个人都焕发出不一样的神采。

也许他会终身斜眼弹着一只墨斗，永远维持着内心的准绳。这样质朴而简单的生活，却因此透出一股木头的芬芳来。

不给自己留后路

熊 回

当年轻人拜师学划船时，船工却要求他先学会游泳，对此，两人有不同的想法。船工认为，在划船时无后顾之忧，便可以专心致志地划船；年轻人却想，如果划船时一旦想到自己不会游泳，就更加会专注地划船。两个人当然有各自的道理，但我更赞同年轻人的看法。

不会游泳，使得自己努力去学好划船，因为加注在自己身上的是不敢随意丢掉的生命。可能有人说何必呢，学会游泳之后不会更加保险一点儿吗？可正是因为人们心中的这个保险，为自己留了一条后退之路，让我们不能一心投入这件事当中。

其实，在我们生活中，很多人都是抱着侥幸心理的，当我们走向一条荆棘之路时，大部分人看到眼前的泥泞、尖刺都不由得心中一缩，而旁边的路宽敞明亮。对啊，既然还有一条路留给自己，为何要走这条更难的路？假设你一踏上这条荆棘之路时，身后却没有退路，那么你肯定会心无旁骛地走完这条给你伤痕的漫漫长路。

"天下没有免费的午餐"，成功也是需要付出代价的，诸如项羽没有"破罐子破摔"，不给自己与其他将士留后路，自己除了拼命便还是拼命，所以，破釜沉舟不失为一个好方法。正因为点燃了众将士的生命斗志，项羽才得以突破包围，最后成为一代楚霸王。

破釜沉舟的勇气实属难得，但正是因为这种一心想要成功的斗志，才让项羽下了这道不可思议的命令。

在狮子与鹿的故事中，狮子是捕猎者，狮子妈妈对小狮子说："你只需要跑得比最后一只鹿快就好了。"而鹿妈妈这样教导鹿孩子："你必须要跑赢最快的那只狮子，只有这样你才有活路。"当鹿面对狮子时，已经无路可退了，鹿只有让自己跑过任何一只狮子，才能生存下去。

一个人若想要成功，便不可三心二意。我们要把自己的生活当作一场鹿狮角逐之战，自己是那头被追的鹿，你若不竭尽全力，便成了狮子口中的一道美味，人生便从此了无意义。因此，让最快的那头狮子也被你远远甩在后面，那么相信你离成功之门也不远了。

往来成古念

范开源

我喜欢在阳光温如细软的时日里啜一口茶，望着夕阳西下的城市边缘静静地木然站立。稀薄的阳光透过冰冷的森林照在我的脸上，眼前仿佛流动着一层淡金色的薄雾。窗外的蝉声陪伴着天上的行云缓缓飘过，荡漾开一点一滴的回忆。

鲜衣怒马的年华早已随着时间沙漏的逐渐空虚而消散了。在转瞬即逝的人生路上，一路走来，曾遇到过暖暖的微笑，也曾遇到过狂风骤雨的黑暗；曾采撷过路旁野花，也曾惊起过林中飞鸟；曾在时光流水边踌躇感慨，也曾在艰难险阻前毫不畏惧。我怀念收获过的如行云流水般的美好时光，也惦念经历过的凄风苦雨般的黑暗岁月。徜徉在记忆的宫殿中，在甜蜜的清风吹拂脸颊的时候，我沉醉了。

静静地躺在时间之河的河底，看着阳光折射的光线透过水面轻轻抚摸在我的脸上，有一种淡淡的温暖。河面上缓缓地漂过许多深藏在记忆角落的东西，轻抚着我的每一寸毛孔与血液。思绪随着记忆四处游走，我感受着水旁的青山巍峨依旧，默默地闭上了眼睛，斜阳的光芒照亮了远山的半个山头，勾画出一幅素雅而沉凝的画卷。

我喜欢一个人坐在天台上，看着远处万家灯火葳蕤，沉浸在静静的思考中。时光仿佛一个在岁月里穿梭的行者，既是岁月的缔造者，也是岁月的同行者。在自己衍生的空间里越走越远，无所谓有，也无所谓无。它一路走来，不知收割了多少生命，更带来了许多新生。它就仿佛一个无情的旅者，四处漂泊吟唱着生命的赞歌。有时嘴角会勾起一抹微笑，默默念诵着属于自己的西天梵音。它时而合掌微笑，时而面露狰狞，最终也归于一片缄默的寂静，仿佛尘埃散落，在空中凌乱成寂寞的痕迹。

这仿佛川流不息的、绵长的逝水终将在每个人的心底刻下永不磨灭的痕迹，不管是伟人还是凡人、男子还是女人，而不同的只是光辉者在时光的沐浴洗礼下更加灿烂与明亮，黯淡者却随着光阴的消逝而化作低微的尘埃俯首在大地上。这段逝水仿佛一个巧妙绝伦的画师，蘸着浓墨重彩的画笔轻轻一挥就勾勒出世间芸芸众生的轮廓，恍若女娲造人般，在作品身上涂抹着光阴的痕迹。

光阴的流逝似乎可以改变一切，在时间长河中世事也确实在不断变迁，正如那句话所说的，"相传胜利者总是手持正义，只不过正义总是被胜利者定义。"而时光就站在浊世之外，静静地俯瞰着这世间的一切，就仿佛一个慈祥的母亲看着自己无知的孩子在独自玩耍，眼眸中透露出慈爱温柔与无奈。

但我一直以为，时光能改变一切、创造一切、毁灭一切，但终究改变不了我们的初心。那些始终不变的初心，就仿佛新春的嫩土中钻出的嫩芽，虽然孱弱，但却坚挺，任凭风吹雨打。

天际线将最后一缕阳光吞噬殆尽，满足地拉上黑夜的帷幕，天空中点缀上星星点点的银饰。我拍拍身上的尘土站起身，心中仍然在思索着：这些来自万亿年之前的光芒，是否也会在时间的洗礼下被逐渐销蚀呢？